Journal of Contemporary Chinese Discourse Studies

当代中国话语研究

第4辑

施 旭 主编

ZHEJIANG UNIVERSITY PRESS
浙江大学出版社

编 者 按

话语研究方法的中国模式*

施 旭

"话语研究"(Discourse Studies,包括"(批判)话语分析"(Critical) Discourse Analysis)在社会科学中越来越受到青睐,很重要是因为其独特的探索社会文化现象的方法。这种方法可以追溯到西方科学主义和由科学主义思潮推动的西方结构主义语言学。话语研究方法有三个主要原则:1) 对象应该是言语的形式、内容及其意义;2) 态度应该是客观的、公正的;3) 目的应该是揭示性的或评判性的。它又呈现独特的文化特征:以西方的概念、理论、价值观作为基本出发点;将字词、语段、篇章结构作为探究现实、意义的中介(当下语境作为辅助解读的线索)。这与中华文化的解释方式迥然不同。更因其局限性和中华学术发展的战略需求,我们有必要创立新的方法系统。

研究方法与理论和实践密切相关。西方话语理论强调话语的现实表述和构建功能,预设说者在话语过程中的主导作用。而中华学术传统则认为,话语的主要功能是立德,言意之间存在着不可逾越的矛盾,在话语过程中起主导作用的是听者。《论语》中的"礼"、"信"、"和"、刘勰的《文心雕龙》中的"言不尽意"、《老子》的"道可道,非常道"以及文学范畴意境、神韵、风骨等都反映重礼尚德、"无中生有"、联想意会的话语观念。在实践上,中国人经常运用"非礼勿言"、"以少总多"、"微言大义"、"依象尽意"、"虚实相生"的话语生成策略和"听其言而察其行"、"非礼勿听"、体察、直觉、顿悟的理解策略模式,因此他们常常表现得缄默、谦和、含蓄。

中国传统和现代学术——从孔子、孟子、荀子、董仲舒、朱熹、刘勰、扬雄、许慎,到戴

---

* 本文的减缩版刊登在 2011 年 11 月 8 日的《中国社会科学报》上。

震、王国维、胡适、钱钟书——关于语言、文学、经典的理解、领会、解释、鉴赏、批评的理论和实践，为我们重构中国话语研究方法框架提供了宝贵的资源，如：言不尽意、得意忘言的基础理论；学以致用、经世致用、修身进德的目的论；心平气和、平等中立的价值论；熟读精思、反复涵咏、释词析句、切己体察、以意逆志、知人论世、通首贯看、逐层推捱的策略论和解释模式。这种强调整体、辩证、理解、直觉、伦理、实用的义理和实践，可以帮助我们补足、超越西方的只讲客观、偏重表达、独尊真理的方法系统。

我们认为，中国话语学界应该以复兴中华学术、关怀中国发展、推动文化对话为目标，以古今应照、中外对话为策略，构建当代中国话语研究的方法框架(或方法系统)。所谓方法框架，首先应该包括方法论(methodology)，即关于解析当代中国话语的基本理论、策略、价值标准、目的。另外，在这种方法论的统领下，还应该有具体的各研究环节所需的程序、手段、范畴、标准等，供田野调查、材料收集、对象解析(描写、分析、解释、评判等)、学术交流使用。下面我们主要提出方法论部分。

整体全面地分析、评价话语。西方话语研究方法的标志性特征是割断历史、略去文化，聚焦孤零篇章、词语句段。从中华文化"天人合一"的宇宙观出发，中国模式的方法应该是整体地、全面地研究话语。这意味着，我们不能只顾及一时一地的一段言语，而不顾及相关的他时、他地、其他言语的情况；不能只从言语生成的角度去考虑，而不顾及言语接受或对话的角度去考虑；不能只从研究者的兴趣、观念出发，而不关注所研究对象的概念、感受、诉求。相反，我们必须关注所有与问题相关的、多重的现象，特别是通过挖掘历史的和跨文化的复杂关系以获得新知。这里相关的具体手段包括：实地调查、数据统计、比较研究。

辨证统一地分析、评价话语。西方话语分析方法往往从二元对立的思维出发，结果其对象、态度、模式、目标一般是单向度的；"评判话语分析"、"积极话语分析"的方法是典型代表。从中华文化的辨证思维出发，中国模式的方法，应该超越简单的切割、分析、"审判"模式，在注意话语中各成分的差异同时，试图观照它们之间的连接、依赖、渗透、转化关系，以挖掘出话语的联系性、两面性、复杂性、动态性、局限性、开放性；而且，我们还应该以谦虚的态度不断反思研究者在其中的联系。

理性与直觉并用。西方话语研究的方法往往从实证主义的角度出发，只重视可观察的文本句段。出于中华文化对言语的独特认识，中国模式应该将客观证据与经验联想科学地结合起来。就是说，一方面要运用具体事实、数据，系统、严格的推理，以出明晰的结论；但另一方面应该根据经验、体会、理想、想象，提出试探性的、创造性的认识和观点。这不仅仅是今人读古文、男人读女人、中国人读外国人的必然，而且也适用于普遍的言不尽意的话语。这当然要求我们首先了解相关文化中固有的形象及类似的范畴、概念，以及这些形象、范畴、概念使用的规则和规律，而且也要研究者运用自己的理想、原则；此外，还需要运用体察，想象以及研究者的人生经验。

本土/全球价值观兼顾。主流话语研究的方法往往将不同文化语境的话语置于西方中心主义的框架下解读。从植根本土、胸怀世界的立场出发，中国模式所含的评判标准，不仅要结合中华文化的价值观，同时也要博采众长，特别是要吸纳人类普遍认同的价值观。这里特别值得提出的是国际标准：1）中国所认同的（如在人权、环境、经贸等方面的）国际公约；2）与中国话语产生关系的其他文化的标准（比如尊重其他文化的自主性和特殊性）；3）研究者从文化平等、和谐的高度，发挥自己的创造性和批评性所建立起的新标准。

辅助发展、提升自身。西方话语研究往往以西方中心主义的视角探索和判断有关社会、心理、文化的真理和价值。但我们认为，中国模式的诠释方法首先应该服务于中国社会经济的发展乃至整第三世界的发展，并以此作为形成民族文化身份、地位、声音的策略，以推动话语研究（方法）的多元对话。为此，我们的方法的对象应转向反映发展问题的话语；用发展中世界的视角去解析评价发展中世界的话语。除此之外，中国式的方法还应该将提升研究者自身的修养作为另一目标。这就是说，研究者不把话语仅仅当作是分析、描述、定义、解释、评判的对象，而是同时将它们当作对话、学习的主体，在话语与生命体验之间进行循环对话，以改变、提升自己的人生修养。

除此之外，对于研究过程和结论的阐示，作为中国方法论的有机组成部分，也有其特殊的要求。首先必须符合国际人文社科界一般标准：在跨文化的层面上做到表达明晰，论点、观点具有为同行所能接受的依据，评价具有明确的标准。但同时，也必须明确，从中华文化对于宇宙、意义之认识出发，科学研究的内容和意义没有封闭的界线，世界也在不断变化，而研究者的认知有限并带有文化的局限，因此我们必须保持谦虚的态度，不断进行探索。

目　录

CAD理论建构下的中国话语研究

◎刘　胜

池州学院

摘　要　CAD理论是研究话语的一个新视角，用在研究中国话语特征上确有创新的意义。本文主要从CAD视角来分析其应用于中国话语研究的现状，探讨以之研究中国话语的内在原因，试图找出其发展趋势。我国学者为此在理论和实践上进行积极地建构，以此来创立有别于西方话语理论的科学，推进中国话语的学术建设，促进世界语际间的平等对话，推动文化的共同进步。

关键词　CAD理论；权力话语；中国话语；身份认同

一、什么是CAD理论

目前从话语视角研究中国当代文化、文学、语言学及跨文化已经成为学界研究话语现象的一个重要视角。这里我们把话语定格为宏大历史进程中的语言实践或是语言整体意象，不对话语的具体意义进行分析，话语更多是一种语言学范围内宽泛的解释。

CAD理论是由学者施旭在其著作 *A Cultural Approach to Discourse*（以下称CAD）中提出[①]，即文化话语理论研究。在本著作中，作者提出一种全新的语言学研究方法，将语言学的话语分析理论应用于社会实践，应用于政治文化生活中，力图促成中国话语研究方法论的变革。文章指出话语乃是一种文化政治的建构，能够体现言说的文化方式。在当今世界政治经济发展不均衡的背景下，话语也能表现出文化上的权力斗争，西方的霸权话语即是很好的例证，即话语可以产生权力。这种理论上承于福柯的权力话语理论，又沿承了 Fairclough 教授的话语变衍理论。作者于此引入文化因子，旨在唤起文化独立意识的民族或国家的重视，从而发扬各自优秀的文化，通过本族话语的表现方式促进世界不同话语的对话和文化的均衡发展。在施旭的中文著作《文化话语研究》[②]中，作者更加明确

---

① Potter, J. & M. Wetherell: *Discourse and Social Psychology* (2 edition), Sage Publications.

② Shi-xu: *A Cultural Approach to Discourse*, Palgrave Macmillan.

地提出了建构中国话语理论的主张。

文化视域下的话语研究(CAD)视角能从更深层次和更广范围进行语言学和文化文学的研究。从应用语言学的观点来看,该视角已经超越传统语言学理论和文化理论研究视域,从而拓展了语言文化研究的新视野。

二、为什么要研究中国话语

(一)研究中国话语的心理机制浅析

这个命题是一个具体的话语实践,如何梳理其特点和分类则是一个很复杂任务。冯·戴伊克80年代曾从话语、心理与社会关系的角度研究话语现象,将话语研究拓展从语言学视角到社会应用领域,突出了话语的政治、社会功能和语境文化机制,将其从社会认知和种族主义再生视角重新审视话语。由此使得话语研究深入到社会多领域,但他本人也提出这种应用需要建构新的话语理论,且这种理论需要新的架构与策略。他对这种理论提出的希望是要建立起高水平的话语理论,并且这种话语的"社会、文化和政治涵义"能从一定方面解决世界所面临的问题。这种解读如果从社会心理学的角度出发,似乎可以找到另一种途径,即为什么要研究中国话语的社会心理。话语文本的整体格局及其中话语与权力、与意识形态的关系往往被看作是一种结构性的分析,这虽然在一定程度上说明了话语研究的新方法和新途径。但这背后至少也体现了在不同文化经济背景下话语的心理变化机制。即话语研究从具体的词句意义以及与语境的关系等研究已经延伸到社会心理机制的视域。在新的形势下,语言学内的话语研究从冯·戴伊克的"话语语法,话语理解到社会话语"拓展到社会心理学的范畴。①"中国话语"的倡导者在具备宽广视野的同时往往还带有对自己民族身份强烈的认同意识。他们以西学为参照,绝非完全照搬西方话语理论,而是结合中国文化历史和国家实情,从话语内容分析的层面力图对中国话语中凸现的文化特质和优秀特点进行客观、系统甚至于量化的分析方法,以此来揭示出当今世界话语研究中深层的利益冲突。事实上,"中国话语"概念一经提出,就已经显示出话语内在的既定矛盾,即以西方话语理论来阐释中国话语在中国学人看来就是一条走不通的路,因为这里面存在误解误释。到现在为止,仍然有西方学者认为汉语是一种低等的语言。

如果我们结合英国学者 Jonathan Potter 和 Margaret Wetherell 的 *Discourse and Social Psychology* 那本书来看,我们似乎可以找到倡导要研究中国话语的部分理由。在

① 方东美著,黄克剑、钟小霖编:《方东美集》,群言出版社。

该书中文序言中，话语具有建构的功能，因此分析话语不是分析话语中某种实际的存在，而是如何进行建构社会。但是在这种建构中会呈现出政治和文化的寓意。在该书第五章中，作者明确表示话语的建构者事实上是要“迈向一种主体概念”，从传统的话语研究中看出意识形态性。[①]也就是说，倡导研究新型话语类别的一个主要思路就是“为将来的研究建立起规则”，由是超越传统话语研究的一统天下的局面。从这一点看，施旭与冯·戴伊克的观点似乎是一脉相承。

因此这种积极构建“中国话语”的理论便是一种用心良苦的主张，需要苦心经营方能有成。在那本书中，作者提到了“动机”与“身份范畴”的独特主张，[②]正是这种动机和身份范畴激发了学人的“中国话语”研究意识，因为在意识形态的较量和民族身份的认同中，他们确实看到西方话语理论的缺陷并且意识到中国话语的独特价值。

（二）中国的话语研究危机与出路

冯·戴伊克批判话语理论给国人一个研究中国话语的契机和理论机制。同时我们也要看到中国的话语研究中潜藏的危机。从目前的研究来看，此课题虽是一个引人沉思的话题，在国际的交流中，我们也能发现问题。

有学者就从翻译话语视角研究西方话语的负面影响。西方话语表现形式就是“利用语言和语种优势控制传播资源、占领传播空间，导致了严重的语言单一化”。[③] 此话语隐含的霸权有可能危害国际关系的民主化，不利于保护语言和文化的多样性。

首先，中国的学者已经意识到非西方话语被边缘化的特点，在施旭等人看来，由于话语是构建和作用于现实的一种言说方式，因此东西方的跨文化交际不仅是不同语言和文化的交流，更是一个充满权力角斗的过程。[④] 因此，中国学人认为有必要用多元文化的话语来批判传统的普遍的以西方为主导的定势话语，同时，关注并研究非西方话语可以给西方提供西方以外的思维和言说方式，从而丰富话语研究的多元文化特性。

学者们也意识到话语研究的标准逐渐西方化和定势化，此种现象部分是由历史原因造成的，自 1840 年中国受制于列强以来，许多学科或理论皆是引自西方，到现在我们一直将其视之当然。这的确是一个很可怕的现象。在社会科学的众多领域，西方话语的标准已经统治着中国学人的思维模式，似乎它已成为一种普遍主义的话语，从而掩盖真正的中国问题。

---

① 申小龙：《汉语与中国文化》，复旦大学出版社，第 104 - 108 页。

② 申小龙：《汉语与中国文化》，复旦大学出版社，第 133 - 135 页。

③ 施旭：《冯·戴伊克的话语理论及其最新发展》，见《外国语（上海外国语学院学报）》(06)。

④ Potter, J. & M. Wetherell, *Discourse and Social Psychology* (2 edition), Sage Publications, 132 - 164.

学者陶东风曾经对中国学界机械“进口”西方文化批判话语与话题的倾向提出了批评。[①]

在语言学界,出现的问题是,按照西方话语标准建立起来的中国的话语研究削弱了中国语言的特点,因此这样的话语研究不是中国话语研究,而是西方话语理论在中国语言中的应用。这是自近现代中国语言话语学科建立以来就一直存在、如今又被反复强调的一个问题。甚至西方的那些著名语言学家,他们在论及汉语时大都认为汉语是一种低级形态的语言,对汉语提出各种各样的批评。即使是洪堡特也认为汉语缺少形态变化,是所有语言中最少变化的语言。[②] 学者申小龙就在他的多部著作中强调汉语的人文性,对西方语言学家对汉语的指谪提出质疑,指出他们只不过是以西方语言观点解读汉语,当然会有不正确的理解。[③] 他在《汉语与中国文化》这本专著中多处指出外国语言研究者对汉语的误读误释。因此以西方的话语理论来解析中国话语现象必然会忽略中国文化的某些特点,以至于不能正确公允地看待中国语言及文化。

研究中国话语观,这至少是由内外两个因素造成的。首先国内语言学界面临着“西化有余、东学不足”,出现思维、文化的“失语”倾向。[④] 文化上的西学东渐会使得国人认同西方文化,加之国人的“文化记忆力衰退”或“妄自菲薄”(施旭语)也会导致我们看不到西方学术的局限以及相关的文化后果。西方文化产生种种弊端的原因,是植根于西方的基本思维模式。因此在话语研究上有必要革新我们的思维模式,建构新型的话语范式。

其次,中国的经济文化发展也促成了文化内部的革新,我们开始对文化差异、需求、学术资源的开放性及争取国际学术话语的必要性等问题关心起来,由此不断思考,力图把中华文化的优秀资源融入到现代社会中,从而确立中国话语的权威性。

一些有敏锐眼光的中国学者就提出了“东学西渐”的问题,即文化不是单向的输入,应当双方的互动与对话。季羡林在一次讲演中就提出要东学西渐,“西方的病,东方的药来医”。[⑤] 因此有必要构建东方话语的范式,打破一种学术范式的一统天下,从批判的层面来挖掘中国话语的价值。

方东美就曾对西方文化提出质疑,尤其对西人翻译中国的经典提出批评。他认为以西方语言逻辑来解读中国经典会有很多误释,不能得出中国文化真谛。同时,西方理论并不能医治中国社会的病,更不能以西方哲学来代替中国哲学。他从古代佛教译经到向西

---

① 施旭:《话语分析的文化转向:试论建立当代中国话语研究范式的动因、目标和策略》,《浙江大学学报(人文社会科学版)》(01)。

② 施旭:《文化话语研究:探索中国的理论、方法与问题》,北京大学出版社,第230页。

③ 施旭,冯冰(编译):《话语·心理·社会》,中华书局。

④ 陶东风:《文化研究:西方话语与中国语境》,《文艺研究》(03)。

⑤ 张文英,姚兰:《改变翻译逆差状况,抵抗西方话语霸权》,《林区教学》(07)。

方宣扬中国的英文著作出发，致力于宣扬中国语言文化。但他也指出，承受中国文化传统，应当在这种优美的精神传统中，先自已站立脚跟，发展创造新文化，反观优劣，“再原原本本地看西方文化，以取法乎上，得乎其中”。①

人们可以以借鉴的方式来引入他种话语或范式来创新本族语言文化。从很多的语言材料来看，一民族对他民族文化的借鉴往往自话语引入始。洪堡特认为，民族话语具有精神力量，内含民族精神。它不仅体现是思维模式，也是反映民族性格。② 他在论汉语时说，正因汉语从语法形式不同于西方语言，汉语才会有优越性，这对中国人精神文化产生很大影响，使得汉语能够发展起一种能明辨言语中的内在形式联系的敏锐意识。③话语的文化视域研究在语言文学中也能得到很好的体现，话语彰显的是一种民族文化和精神。

二、CAD 理念研究发展趋势

从机构组织上看，目前国内已经出现多家研究中心，典型如浙江大学的“中国当代话语研究中心”、天津商业大学的“话语语言学研究中心”、杭州师范大学话语与文化研究中心、中山大学中国文体学研究中心等，这些中心的成立为当代中国话语研究的发展提供了一些研究成果。相信随着研究的深入，将会有更多的学者或组织投入到这种研究中去。

从这些研究中心的课题内容来看，研究中国话语已经不是一个单一专业的任务，这需要多学科多领域的团结合作。这种研究也符合当今社会语言学、比较文学、新闻传媒学、哲学等学科的发展趋势和要求。随着浙江大学与杭州师范大学四届“当代中国话语会议”的召开及其他相关学术机构活动的开展，学界对这一研究领域已经积累了一定的研究成果和经验，但对如何开展当代中国话语的研究仍是一个期待解决的问题。因此，目前当代中国话语需要研究和解决的课题主要有以下内容：当代中国话语理论的构建和研究方法的确立，中国历史文化、哲学宗教等与当代中国话语的关系，中国传统语言理论的研究，语言运用中的社会问题反映研究，当代中国行业、社群、阶层、民族等话语的理论构建，东西方话语的比较研究，以话语为平台的跨学科跨文化对话等。

从发展趋势来看，关于理论的构建显得尤为迫切，而在这种构建中，相关的理论是否经得起实际考验、是否能抗衡西方语言学话语理论以补其不足、是否促进话语的多元与繁荣等，这些都是我们在研究中需要考量的。一方面，国内学人通过并借助西方话语理论的

---

① http://agzy.youth.cn/jxl/hyhn/200909/t20090907_1015534_1.htm

② 施旭：《文化话语研究：探索中国的理论、方法与问题》，北京大学出版社，第 37－40 页。

③ 施旭：《文化话语研究：探索中国的理论、方法与问题》，北京大学出版社，第 230、237 页。

参照来剖析中国话语,从中发现西方这些的偏颇与强势;另一方面,如何在西方话语理论之外建构中国话语的理论基石,则是一个巨大的挑战,也是中国话语学界今后研究的一个重要方向。当然这些研究需要建立在大量的话语分析与理论实践基础上,也即我们仍要看重中国话语语料库的建设、积累与扩容,以此来夯实我们的理论体系。这也是摆在我们面前的繁琐任务。

就发展意义而言,研究当代中国话语,需要从中国话语的特征视角和文化参照视角来从文化渊源上挖掘中国话语的独特价值。同时我们仍然需要一种国际视野,中国话语研究须在一种话语的对比参照中凸现自身的价值与优势。如此有助于研究中国文化话语及其与世界其他话语的关系,促进中国话语文化的自觉和提高;有助于建立既立足本土、又放眼世界的话语研究的新范式,以正确有效地指导中国话语的研究。

因此,有关中国话语的研究需要突破传统语言学理论和西方语言话语理论的框架,并超越学科界限,深入到社会层面和文化层面的话语研究,从而形成一个立体多元的研究模式。这样,中国学者才可能在了解本国话语特色的前提下,能以平等的文化身份参与国际学界间的对话交流;推进文化上的多元对话与合作,促进话语理论的繁荣与创新。

参考文献

[1] 方东美著,黄克剑、钟小霖编(1993).《方东美集》.北京:群言出版社.

[2] 申小龙(2005).《汉语与中国文化》.上海:复旦大学出版社.

[3] 施旭(1989).冯·戴伊克的话语理论及其最新发展.《外国语(上海外国语学院学报)》(06).

[4] 施旭(2008).话语分析的文化转向:试论建立当代中国话语研究范式的动因、目标和策略.《浙江大学学报(人文社会科学版)》(01).

[5] 施旭(2010).《文化话语研究:探索中国的理论、方法与问题》.北京:北京大学出版社.

[6] 施旭,冯冰(编译)(1993).《话语·心理·社会》.北京:中华书局.

[7] 陶东风(1998).文化研究:西方话语与中国语境.《文艺研究》(03).

[8] 张文英,姚兰(2007).改变翻译逆差状况,抵抗西方话语霸权.《林区教学》(07).

[9] http://agzy.youth.cn/jxl/hyhn/200909/t20090907_1015534_1.htm[1] Potter, J. & M. Wetherell(2007)*Discourse and Social Psychology*(2 edition). London: Sage Publications.

[10] Shi-xu(2005). *A Cultural Approach to Discourse*. London: Palgrave Macmillan.

[11] *Wilhelm von Humboldt*. *Peter Heath*(译)(2008)《论人类语言结构的差异及其对人类精神发展的影响》.北京:世界图书出版公司.

A CAD Paradigm of Chinese Discourse Studies

LIU Sheng

Chizhou College

Abstract: CAD theory is used to study discourse from the cultural point of view, which can be applied to study the characteristics of Chinese discourse, thus from this angle of view, we can develop some creative features about Chinese discourse. The article first analyses research status of Chinese discourse study, probes into its inherent reasons, then tries to find out its developmental tendency. Chinese scholars have made substantive investigation and feasibility study in CAD theory, its final aim is to construct a distinctive theory which would be different from and can amend western discourse theories, so as to advance Chinese discourse studies, and to promote dialogues between inter－languages to create an international mechanism conducive to world culture and development.

Keywords: CAD Theory; Power Discourse; Chinese Discourse; Cultural Identity

作者简介

刘胜，男，安徽枞阳人，池州学院外语系讲师，研究生学历，最近发表《基于解构教育话语的大学英语教学》(《池州学院学报》2011 年第 5 期)。

通讯地址：池州学院外语系

邮　　编：247000

邮　　箱：znz. znz@gmail. com

征求意见中的话语策略——一则“征求意见稿”批评话语分析的启示

◎ 田海龙　陈　洁

天津商业大学外国语学院

摘　要　对一则地方政府发布的水价调整方案“征求意见稿”进行批评话语分析，发现该“征求意见稿”在相关话语的对话、语体链的塑造、意见征求者与被征求者之间的交流等方面未能真正体现政府征求意见的初衷。在此基础上，文章提出一些撰写“征求意见稿”的建议，并以此讨论实施“征求意见”这一社会管理方式的话语策略。

关键词　征求意见稿；批评话语分析；对话；话语策略；建议

一、引　言

在各级政府组织越来越注重民生、注重建设和谐社会的形势下，如何在制定政策法规的过程中体察民情民意并吸收民众的建设性意见已成为基层政府组织提高社会管理能力的一个重要内容。在这方面，一个普遍采用的方法是将拟出台的政策法规以“征求意见稿”的形式向社会公布，征求民众的意见和建议。这一做法在很大程度上实现了政府与民众的信息沟通和意见交流。在这个“征求意见”的过程中，作为政策法规的制定者，政府一方面向民众说明制定该项政策法规的必要性以及需要采取的措施，另一方面也敞开了向民众征求意见和建议的大门，为进一步完善该项政策法规奠定了基础。作为被征求意见者，民众从被动接受政府指令的服从地位转而上升为制定政策法规的参与者，这也为政策法规的日后顺利实施增添了理解的基础。毫无疑问，这种征求意见的话语实践对建设和谐社会起着不可低估的作用。然而，在实际操作过程中，许多征求意见稿还没有达到这一理想目标。本文通过对《亳州市城区自来水价格调整方案（征求意见稿）》进行话语分析，从话语的视角探析征求意见稿这一语体在征求意见这一话语实践中有待改进的地方，为运用征求意见稿实现政府与民众的有效沟通、共建和谐社会提供话语策略方面的技术支持。

二、理论框架

所谓征求意见稿在本项研究中指法律、规章制度或其他文件在提交正式审议批准或决定前向社会公众或特定部门、群体、人员征求修改意见的文件版本。在这个意义上，征求意见稿首先是一个文本(text)，是语言运用的一个实际案例。但是这个“征求意见稿”不是一个孤立的文本，它要与其它的文本(如提出意见和建议的文本)产生联系；与此同时，这个“征求意见稿”也不是简单的信息交流，它与其制造者的主导地位和发布媒体的主流地位纠结在一起，共同构成了其所述内容的权威性和不容质疑性，以及由此造成的对社会实践的导向作用。所以，“征求意见稿”可以被进一步理解为“话语”，是具有一定社会地位的机构根据一定的社会规约运用语言的一定形式所进行的一种社会活动，这个社会活动(征求意见的过程)就是一个话语实践，其实质就是一个文本被生产、被分配和被消费的过程(参见田海龙 2008, 2009)。

由此可见，话语一方面指人们在社会生活中使用的语言，另一方面也包括人们运用语言的方式以及制约人们运用这种而不是那种语言方式的规约和权力关系。由于话语的这种双重属性，对话语进行分析也需要从两个方面入手：就语言使用本身而言，话语分析应该是对具体文本(如对话、访谈、文本、及电视节目等符号)的分析；就语言运用中的规约及权力关系而言，话语分析应该是对话语反映在社会层面的结构(如话语秩序)进行分析。Fairclough(2003)的话语分析框架，实际上就包括了这两方面的内容，前者称为“互动分析(interactional analysis)”，后者称为“结构分析(structural analysis)”。

具体来讲，互动分析涉及两个方面的内容，一个是互语分析(interdiscursive analysis)，一个是语言/符号分析(linguistic and semiotic analysis)。“互语”总的来说指话语与话语之间相互作用的关系；互语分析要解决哪些话语和语体被用来生产文本的问题，并且要分析它们如何通过文本联系在一起。语言/符号分析，包括对文本整体结构的分析、小句整合、小句以及词汇等的分析。如果说“互动分析”的目的是剖析话语与话语之间存在的不平等关系，那么“结构分析”就是要透过话语之间的不平等关系窥探社会主体之间的不平等关系。这里，话语秩序是一个重要概念，指一整套有序的话语生成的实践，以及它们之间的限界和关系。换言之，话语秩序是“在话语层面表现的社会秩序，是社会文化实践在话语上的历史印记”[①](Fairclough 1995: 10)。例如，在征求意见这个话语实践中，话语秩序包括各种各样的话语(如对拟制定政策法规必要性表述的政府话语、对拟制

---

① Fairclough, N, *Critical Discourse Analysis*, Longman, 10.

定政策法规修改意见的公众话语,等等)以及各种各样的语体(如征求意见的政府公文语体、媒体报道征求意见的新闻报道语体、提出意见的公众反馈语体,等等)。所有这些话语(discourse)和语体(genre)都存在于一定的社会等级关系之中,有的占主导地位,有的处于从属的位置。结构分析就是通过对话语与话语之间的这种等级关系以及语体与语体之间的顺序关系进行分析,揭示话语背后不平等的权力关系。

三、案例分析

本文分析的《亳州市城区自来水价格调整方案(征求意见稿)》由安徽省亳州市物价局2009年6月10日在其官方网站上发布。[①] 该征求意见稿提出了提高水价的两套方案,说明了水价上涨后的配套措施并就该方案对居民生活的影响做了评估,同时申明该调整方案要在召开水价调整听证会后报政府批准确定。下面依据如上所述的 Fairclough (2003)提出的分析框架对这一"征求意见稿"进行话语分析。为了更明确的说明问题,先进行结构分析,之后作互动分析。

(一) 话语结构分析

观察这个征求意见稿,可以看到亳州市政府希望听到公众意见的愿望,如征求意见稿公布了四个听取公众意见的途径:电话、传真、通信和电子邮件。然而,征求意见稿中没有公布任何接受公众意见的人员名单,也没有说明是否或者如何对公众意见进行反馈。而且,这四种方式均为封闭式的交流方式,公众无法看到亳州市政府收集到的意见有哪些。即便是有关召开听证会的内容也只是在调整方案中顺带提了一下,既没有时间、地点和参加人员的安排,也没有听证会召开程序的说明。

征求意见稿作为政府征求意见的一种话语实践,本应实现政府与公众的双向交流;但是征求意见稿中表述的这些交流途径却无法表达出亳州市政府双向交流的意愿。不仅如此,这个征求意见稿在对拟制定的水价调整方案的宣传方面也显示出单方推销的倾向。例如,亳州市政府主张的水价调整方案在其控制的媒体上广泛宣传,包括在亳州市政府官方网站、亳州电视台、亳州晚报、中安在线和新安晚报等媒体上宣传。相比之下,民众对水价调整的意见和建议却没有相应的媒体渠道进行公布,公众话语亦没有足够的媒体来发布,相关的报道也很少。政府话语相对于公众话语在发布的渠道方面明显处于主导和统

① 见 http://www.bzwjj.gov.cn/news_view.asp? newsid=608(访问于2010年4月25日)。篇幅原因,这里不再登出该征求意见稿的全文。有兴趣的读者可以访问该网站获取该征求意见稿,也可以向本文作者索取。

治的地位。征求意见稿在理论上应该是政府邀请所有关心其内容的公众提出意见,但是在这个水价调整方案的征求意见稿中,政府希望此方案被接受的迫切心情却导致了在邀请公众提出意见的形式下推销其方案的事实,征求意见这个双向交流的过程和实现政府与公众平等对话的平台在政府话语和公众话语的不平等话语秩序中演变成政府对自己提出的水价调整措施单方面的宣传与推销。

在这个征求意见的话语实践中,不仅有政府话语和公众话语参与其中,而且还有除了征求意见稿语体之外的新闻报道、评论等语体参与其中。这些不同的语体在发布的时间顺序上形成一个链条,Fairclough(2003)称其为"语体链"。例如:

① 5 月 13 日,官方的亳州先锋网刊出标题为《多省市酝酿水价上调》的新闻;

② 5 月 29 日,亳州电视台报道该市近期将调整水价并准备召开听证会的消息;

③ 6 月 10 日,亳州物价局官方网站公布调整方案征求意见稿;

④ 6 月 12 日,亳州晚报刊发题为《亳州市区自来水价格上调箭在弦上》的报道;

⑤ 6 月 18 日,亳州电视台报道市物价局召开水价调整方案征求意见座谈会的新闻;

⑥ 6 月 30 日,水价调整听证会召开;

⑦ 7 月 2 日,亳州晚报报道听证会召开的消息;

⑧ 7 月 24 日,亳州报以《这轮水价上涨酝酿已久》为标题的评论。

这些在 6 月 10 日"征求意见稿"发布前后的关于水价调整的电视新闻、报纸或网络媒体的新闻报道、评论以及听证会等多种语体形成了一个语体链,成为亳州市政府发布的有关水价调整的要点总结或可行性论证。例如,5 月 13 日亳州先锋网刊发《多省市酝酿水价上调》一文,为水价上调预热;在 6 月 12 日亳州晚报《亳州市区自来水价格上调箭在弦上》这篇报道中,首先报道了上调方案内容,然后以采访的形式报道居民对水价调整的理解和支持,并以背景介绍的形式说明亳州缺水的现状;在 7 月 24 日亳州报《这轮水价上涨酝酿已久》一文中,记者对清华大学水业政策研究中心主任傅涛进行采访,该专家分析了两个水价上涨的深层原因,意为水价上涨是合理的。这些不同的语体是参与社会实践的形式,而如此形成的语体链也成为体现结构关系的话语秩序,体现出政府话语在征求意见话语实践中的主导地位。

(二) 话语互动分析

在征求意见的话语实践中,有多个话语参与其中。除了政府话语和公众话语之外,还涉及法律话语以及关于周边地区水价的话语。这些"话语"彼此相互联系,在征求意见稿中彼此相互作用,共同生产出这个征求意见稿,形成 Fairclough(2003)所说的"互语"现象。观察这个"征求意见稿",我们发现它在形式上由四个部分组成,即:① 水价调整的依据;② 水价调整方案;③ 水价调整后的配套措施;④ 水价调整对城市居民的影响。水价调整的依据包括法律依据、政策依据、现行成本和周边地区水价。最后两部分内容,包括水价调整后的配套措施和对居民生活的影响评估,本质上也是水价调整的依据,其目的是为了说明调价不会对居民生活产生大的影响,也就是说价格上涨是可行的。这样,该"征求意见稿"实际上由政府的调整依据和公众关心的信息两部分话语内容组成。这两部分内容在行文中交替出现,形成一种"互语"关系,构成了政策形成的过程,即政府依据法律和政策,考虑现行成本和周边地区水价因素,在跟进水价调整后的配套措施、确保水价调整不会对城市居民生活造成影响的情况下,提出水价调整的方案,并详细加以说明。可见,这样一个政策形成的过程在政策制定者看来不存在任何其它意见或争论,所有的问题就是需要公众去理解并接受这个水价调整方案。如此对"征求意见稿"中不同话语之间联系的"互语"分析,表明这个征求意见稿实际上是一个由"解释向教育转换"的过程。征求意见者虽然以征求意见的语体发布这个水价调整的"征求意见稿",但这个"征求意见稿"并没有和公众"讨论"水价调整的方案,而是在单方面的向公众推销政府拟采取的方案,在说服公众接受这个"被征求意见"的方案。

根据 Fairclough(2003)的话语分析方法,对该"征求意见稿"本身的分析除了"互语"分析之外,还包括对文本整体结构的分析。观察这个征求意见稿,其基本结构为:问题→目的→依据→解决问题的办法→对解决问题办法的评价。"问题和目的"在"征求意见稿"的引言中提出,主要是水资源紧缺,要节约高效用水;"依据"在第一部分中列出,包括法律依据、政策依据、成本依据和周边价格水平;"解决问题的办法"是第二部分提出的两套调整方案和配套措施;"对解决问题办法的评价"实际上是最后一部分,即调整方案对居民生活影响的评价。就该"征求意见稿"的整体结构而言,表述解决问题的办法时,目的和问题以及依据被经常反复提及。

通过把整个征求意见稿的文本分成以上不同的部分,进而分析各部分所要完成的任务或要达到的目的,我们发现该征求意见稿的基本结构亦缺乏对话性。例如,"征求意见稿"中"提出问题→解决问题"的结构缺乏对话性。这种结构其实是该征求意见稿推销特征的一个方面。尤其是"征求意见稿"中只表述了政府提出的价格调整依据和调整方案,而没有其它的公众意见出现,比如自来水价格成本的上涨是否有其它原因,是否只能用涨价的手段来达到节约用水的目的等等。这些要素的缺乏更显"征求意见稿"单向交流的特征。再如,这个"征求意见稿"中缺乏"引语(直接引语或间接引语)",即缺乏其他表达意见的声音。这些整体结构方面的特点使得这个征求意见稿与它征求意见的初衷相违背。作为征求意见的文件,这个征求意见稿涉及公众所关心的话题,公众应该有权看到不同的意见和解决方案而不是亳州市政府一家之言。但是这些办法、意见和声音在该征求意见稿中全部没有出现。对这个"征求意见稿"整体结构的分析与对它的"互语"分析一样，可以发现它的单向交流倾向。

在对这个"征求意见稿"的文本分析方面，还可以运用系统功能语言学的分析方法，对小句的语气、情态和及物性进行分析，更深刻的认识其缺乏对话性的特征。

语气分析 人们在日常交往中，无论怎样不断变换交际角色，但主要的角色只是"给予"(giving)和"需求"(demanding)；交往中所交换的可以是货物和劳务(goods-&-services)，也可以是消息(information)。人们可以通过语言(如用陈述句)来给予消息，也可以用语言(如用疑问句)来表示对消息的需求[①](Thompson，2000：39－40)。观察这个"征求意见稿"，所有句子都以陈述的形式成串的出现，而没有表达征求意见的疑问句。可以认为，这种列举式的句法结构表明了这个"征求意见稿"与其说是亳州市政府在征求意见，不如说是在单方面的教育公众。这也是它缺乏对话性的一个表现。

情态分析 根据系统功能语言学(Halliday，1994)，情态系统可以表示说话者对话语命题真实性所承担责任的程度和对未来行为做出的承诺或承担的义务，或是表明说话者对听话者和情景成分的态度、说话者与听话者之间的社会距离和权力关系。就情态系统在语言中的显示而言，如果说话者对所谈问题不是很确信，说话者可以使用"在我们看来"、"我们认为"这样的情态缓和语，或者"可能"、"也许"这样的情态推测语。观察这个水价调整"征求意见稿"，这些可以实现人际功能情态缓和语和情态推测语却都没有出现。这在一定程度上反映出"征求意见稿"的撰写者并非认为水价调整是一个存在争议的问题。相反，在他看来，调整水价势在必行。可见，如此缺乏情态化表述的"征求意见稿"会使公众认为亳州市政府向公众征求水价调整的意见不是真心实意，而是例行公事。这样的"征求意见"只能会是因得不到公众信任而流于形式。

及物性分析 及物性是表现概念功能的一个语义系统，是语言用来再现世界的基础。其作用是将人们在现实世界中所作所为、所见所闻在句子中表达成若干种"过程"，并指明过程的参与者和环境成分。及物性系统包括六种过程：物质过程、心理过程、关系过程、行为过程、言语过程和存在过程(Halliday，1994)。我们以"征求意见稿"第二自然段中对"总体思路"的表述作为及物性分析的文本：

总体思路是：综合<u>考虑</u>供水和污水处理成本变化情况以及用户承受能力，<u>兼顾</u>社会各方面利益，<u>按照</u>保本微利的原则，适度<u>调整</u>基本水价和随水价征收的污水处理费、水资源费标准，<u>使</u>我市城区水费标准<u>达到</u>同类城市的中等水平，以有利于<u>保持</u>城市竞争力和发

---

① Thompson，G.，*Introducing Functional Grammar*，Arnold/Beijing：Foreign Language Teaching and Research Press，39－40.

展水平;努力完善价格形成机制,以有利于增强节约用水意识,保护和合理有效利用水资源,促进资源节约型和环境友好型社会建设;适当考虑供水成本的变动趋势,以有利于保持水价的相对稳定。

在这个表述中,大部分动词(划线部分)是物质过程。物质过程通常表示动作,动作既可以是有意的,也可以是无意的。有意的物质过程都会对其目标产生影响①(Thompson,2000:79-80),或者说发出动作的行为者作用于动作的承受者。在此段落中,动作过程的行为者很明显是亳州市政府。例如,在"使我市城区水费标准达到同类城市的中等水平,以有利于保持城市竞争力和发展水平"这一小句中,只有政府才能行使上述行为,而动作过程中的承受者也就是受益者是公众、社会和自来水生产企业。在这个水价调整方案的"征求意见稿"中,小句的行为者为政府,受益者为公众,这种表述方式预示着政府在为民众造福,民众还有什么理由不接受这个方案呢?宣传推销这个方案的意图隐含其中。

四、结语与建议

对《亳州市城区自来水价格调整方案(征求意见稿)》的批评话语分析表明,这个"征求意见稿"虽然以征求意见的名义向公众征求水价调整的意见和建议,但实际上是亳州市政府在强势推销政府的涨价方案。相比之下,公众建言议政的愿望因发表意见的渠道不畅通而受到压抑。诚然,基层政府组织与民众、政策法规的制定者与被征求意见的民众,其社会地位是不同的,拥有的话语权也是不同的。因此,这种征求意见在理论上很难实现一种平等对话。但是,为了使"征求意见"不图虚名,使"征求意见稿"体现出征求意见的实质,成为基层政府组织管理社会的手段和公众参与社会管理的平台,对"征求意见稿"的撰写进行一些改进也是非常必要的。在以上分析的基础上,本研究在语体链和内容形式两个方面提出一些话语策略。

(一) 自下而上、自上而下的语体链

《亳州市城区自来水价格调整方案(征求意见稿)》的发布以及伴随其发布而产生的一系列新闻报道和评论,是目前一些地方政府就拟制定的政策法规"征求意见"的常规做法。他们先发布"征求意见稿",然后连篇累牍的在地方主流媒体发表评论进行跟踪报道,这样一条"体裁链"实际上是一支双刃剑:它在宣传和推销政府意图的同时也削弱了政府征求公众意见的初衷。如果地方政府能够就需要改革或修订的公共政策通过地方媒体公开广

---

① Thompson, G., *Introducing Functional Grammar*, Arnold/Beijing: Foreign Language Teaching and Research Press, 79-80.

泛的征求公众意见,在综合公众意见和建议的基础上撰写出"征求意见稿",然后邀请公众对这个"征求意见稿"再讨论,就能更全面的获得民众对新举措和规章的意见或建议。这个自下而上、自上而下征求意见的过程是本研究在语体链方面提出的一个建议。

(二) 内容和形式的对话性

就征求意见稿的内容和形式而言,增强其对话性和协商性,是突出征求意见稿"征求意见"特征的关键所在。《亳州市城区自来水价格调整方案(征求意见稿)》在内容上解释了调整水价的原因,评估了水价调整之后的后果,这在一定程度上与公众是一种交流。但还不是对话。要实现"征求意见稿"的对话性,征求意见稿的内容应包括:(1) 出台新政策的原因、目的;(2) 目前收到的民众提出的意见的汇编(这部分应该包括意见来源、意见内容以及正反两方面意见的比例。可以在征求意见稿中列出主要部分,其余详细的资料可以列出索引备查。);(3) 政府拟制定的政策法规;(4) 拟采取方案实施后的效果评估;(5) 民众对此方案提出进一步意见的方式方法和渠道。

在形式上,实现"征求意见稿"的对话性主要反映在语言的运用方面,如多采用疑问句式,以及征求意见或解释性回答的缓和性语句,避免采用简单罗列和定性式的陈述句。例如,说明现状并提出解决办法时可使用"这样的问题该如何处理呢?""如果……是否就可以解决问题?"等疑问句,表明政府方面寻求意见的心理倾向。或者"我们建议……","我们认为……","我们提出的建议是……",这样的缓和句式可以表明政府只是在提出自己的建议而没有下定论,同时也表明希望民众也提出建议的潜在意向。

参考文献

[1] 田海龙(2008).语篇研究的批评视角.《外语教学与研究》5.

[2] 田海龙(2009).《语篇研究:范畴、视角、方法》.上海:上海教育出版社.

[3] Fairclough, N. (1995) *Critical Discourse Analysis*. London: Longman.

[4] Fairclough, N. (2003) *Analysing Discourse: Textual Aanalysis for Social Research*. London and New York: Routledge.

[5] Halliday, M. A. K. (1994) *An Introduction to Functional Grammar*. London: Edward Arnold Limited.

[6] Thompson, G. (2000) *Introducing Functional Grammar*. London: Arnold/Beijing: Foreign Language Teaching and Research Press.

DiscursiveStrategies for Inviting Advice: A Critical Discourse Analysis of an Advice—seeking Draft

TIAN Hailong, CHEN Jie

Tianjing University of Commerce

Abstract: Through critical discourse analysis of an exposure draft of water price adjustment scheme published by a local government, it is found that this exposure draft does not fully realize the original intension of the local government, in terms of the dialogue between relevant discourses, the formation of genre chain and the communication between those inviting advices and those providing advices. Some discursive strategies are therefore discussed, both for the writing of such drafts and for the current practice of inviting advices in the social management.

Keywords: critical discourse analysis; exposure draft; dialogue; discursive strategies, suggestions

作者简介

田海龙,男,博士,教授,硕士生导师。工作单位:天津商业大学外国语学院。研究方向:社会语言学和(批评)话语研究。

通讯地址:天津市红桥区津霸公路东口 天津商业大学外国语学院

邮　　编:300134

邮　　箱:tianhl@tjcu. edu. cn

作者简介

陈洁,女,天津商业大学外国语学院硕士研究生,研究方向:语言学和翻译。

通讯地址:天津市红桥区津霸公路东口 天津商业大学外国语学院

邮　　编:300134

邮　　箱:catherine9909@126. com

当代中国特殊利益集团霸权话语类型、性质、基础及消解

◎ 韩久全

河北农业大学

摘　要　近年来，在中国频繁出现的霸权话语对中华和谐话语的构建形成了巨大威胁。在此背景下，本文拟从四个维度对当代中国特殊利益集团霸权话语进行分析。首先，从话语方式两个角度而言它可分为六种形式；其次，其性质具有西方语言文化哲学特征；再次，它赖以生存的基础包括伦理、权力、社会文化、舆论四个层面；最后是霸权话语消解根本的路径。

关键词　当代中国；特殊利益集团；霸权话语；生存；消解

一、前言　目的与范式

"探索当代中国关心的，有重大国内、国际意义的话语"是"中国学者的文化责任"，科学的、符合中国文化语境的"话语分析应该帮助我们揭示、化解或避免"一些重大问题的出现，是话语研究追求的目标。①

近几年来，霸权话语频频出现在我国社会生活中的诸多领域，其范围之广，频率之高、程度之深可谓史无前例。在这种背景下，作者将以构建当代中国和谐话语为目的，以乔姆斯基(史密斯，2001)的理想化语言研究方法为参照，试图建立一种开放的、适合研究当代中国特殊利益集团霸权话语的范式。②

所谓理想化研究是指，虽然当代中国特殊利益集团的规模不同、形成时间不同、组织结构形式、人员身份不同，具体诉求对象也存在着各种各样的差异，但作者仍有理由将之抽象为一种特殊利益集团，因为它们都是为了实现个人利益而罔顾他人幸福。同理，作者

---

①　施旭：《个话语分析的文化转向：试论建立当代中国话语研究范式的动因、目标和策略》，《浙江大学学报(人文社会科学版)》，1：135－138页。

②　史密斯：《乔姆斯基：思想与理想》，外语教学与研究出版社。

还把在不同时间、地点发出的霸权话语的众多代言人视为一个整体,把数不清的、貌似互不衔接的话语片段浓缩为遮蔽与彰显的宏观整体话语行为,以便从本质上对当代中国霸权话语进行初步的描述性定义。在此基础上,进一步分析其性质、形成基础及消解途径,从而实现本研究从描述性阶段到解释性阶段的拓展。

这种理想化研究法不是封闭的而是开放的,不是机械的而是辩证统一的。对此,施旭有精彩概括:"……在注意话语中各种差异和区别的同时,看到这些差异和区别之间的相互联系、相互渗透、相互转化的关系,也因此看到他们所形成的复杂现象"及对社会的影响。[①]

二、霸权话语定义及类型

本文中的"霸权"含义与《现代汉语大词典》的解释不同,它并不局限于国际关系中,而是泛指一个或多个社会集团通过某种强势对其他社会群体的操控权。霸权话语,作为实现霸权的一种方式,则指在特定时代、特定场合,该强势社会集团代言人、或某一个体依靠其集团强势向弱势群体或其个体成员发出的显性或隐性强制性话语。它通过话语消极否定、限制他人合法权利,积极肯定自己的既得或未得非法利益,借以维护、加强其操控社会的强势地位。

本文拟从语境势差和话语方式两个角度,将典型的当代中国特殊利益集团霸权话语划分为狐假虎威、乱语胡言、美曰其名、"真"伪命题和阴阳乾坤五大类型:

狐假虎威 此类话语以命令、强制的语气直接或间接地从强势向弱势发出。最为典型的是霸权话语者利用弱势群体文化水平较低、话语分析能力较差、法律知识相对薄弱的劣势,假借法律中某种"罪名"对后者进行威胁。其语言特点是将弱势行为与某些罪名相似之处前景放大、极度渲染,而对其他犯罪构成要件则含糊其辞、极尽扭曲。如,某省七位村民因上访被相关政府以"敲诈勒索罪"起诉。他们被指控,组织村民假上访,以此施压政府,"多领"拆迁补偿款。然而,《新京报》记者调查发现,这是一起含义深刻的"敲诈"案。[②]

对于敲诈勒索罪,我国相关法律文献已经从专业话语角度给出了明确的界定。本罪是指以非法占有为目的,对被害人使用威胁或要挟的方法,强行索要公私财物的行为。构成此罪必须满足以下四个要件:1) 客体要件:本罪侵犯的客体是复杂客体,不仅侵犯公私财物的所有权,还危及他人的人身权利或者其他权益。2) 客观要件:本罪在客观方面

---

① 施旭:《文化话语研究:探索中国的理论、方法与问题》,北京大学出版社,第 69 页。

② 刘刚:《7 村民"敲诈政府"背后乱局》,见《新京报》10 月 22 日第 A01 版。

表现为行为人采用威胁、要挟、恫吓等恶害手段，迫使被害人交出财物的行为。3）主体要件：本罪的主体为一般主体。凡达到法定刑事责任年龄且具有刑事责任能力的自然人均能构成本罪。4）主观要件：本罪在主观方面表现为直接故意，必须具有非法强索他人财物的目的。如果行为人不具有这种目的，则不构成敲诈勒索罪。

把上述法理与记者调查相比照，我们会发现：七位当事人除了符合主体要件外，其他三项据敲诈勒索罪的构成要件风马牛不相及。

乱语胡言 在语境势差对比值较弱的时候，霸权话语者会"巧妙"地以重新定义方式、以自己为轴心建立另外一个坐标系，试图让听者失去原有的参考基准。其典型代表是禹晋永"诚实"论和唐骏"骗人成功"论。在下段引文里，禹晋永把具体与一般对立起来；把"说实话"与"傻瓜"混为一谈；把"心中的那份坚持"定义为"诚信"，诚信"不是需要用语言来表达的，更不是用行动做的"；它完全属于私人内心世界，与语言和行为的一致性无关。

禹晋永：如果说我们要在某一件事情上说实话，那不叫诚信，那叫傻瓜。什么叫诚信，我的理解，心中的那份坚持就是诚信，而不是外表需要表露出来，我们在座的每个朋友，包括我们今天生活在世界上的每个朋友，自己心中都有个诚信，诚信不是需要用语言来表达的，更不是用行动做的。恰恰我的认识是相反的，有些人以为，用语言去说，行动去做，那就是诚信，那只是诚信的一方面，表面，但是为了心中的那份坚持，行动不能代表你的诚信。[①]

无独有偶，唐骏的"成功论"与禹晋永的"诚信观"如出一辙。在唐骏眼中，"真诚"有时是"成功"的"貌似、疑似"必要条件（"你不真诚就很难成功"）；有时却是"成功"的"不可或缺"的必要条件（"如果不真诚的话你根本就做不到这一天"）。而其成功的真正内涵则是"真诚地""把全世界都蒙了"。

（《名汇 FAMOUS》杂志记者陈炯 Famous）：真诚又算不算一个成功的要素？

唐骏：当然是一个要素，你不真诚就很难成功，如果不真诚的话你根本就做不到这一天。有的人说我们这个世界上很多人靠花言巧语，你可以蒙一个人，那如果把全世界都蒙了，就是你的真诚蒙到了别人，你欺骗一个人没问题，如果所有人都被你欺骗到了，就是一种能力，就是成功的标志。[②]

可以看出，唐骏在这段谈话中故意将"真诚"与"坚持"、"真诚"与"真实的谎言"相互混淆；将"蒙/欺骗一个人"与"蒙/欺骗全世界/所有人"的"量"不同生生说成"质"悬异：前者或是"花言巧语"、是"没问题"，而后者则是"真诚"、是"能力"、是"成功"。在这里，"蒙/欺

---

① 华静言：《禹晋永召开新闻发布会，誓要打官司到底》，见《新快报》8月4日。

② 沈玮青：《唐骏沉默一周后受访：能骗到所有人就是成功》，见《新京报》7月13日。

骗”的语义因受动者量的不同而产生了重大歧义，其感情色彩、价值取向与社会化、规约化的语言根本属性背道而驰。

美曰其名　当受到政治、社会、法律、文化等因素限制，原本实力悬殊的双方的语境势差对比表面上不能那么明显时，霸权话语者则十分钟爱“美曰其名”：一些因素适时、适度前景化，一些因素适度背景化甚至匿而不言。比如，某些行政、垄断部门在掠夺百姓财富时，时刻牢记孔夫子的“名正言顺”语言哲学观。其三大法宝“与国际接轨”、“中国国情”、“民意”交替闪烁、令人眩晕。他们有新颖而老套、屡试而不爽的“两个凡是”语言行为哲学。凡是能保护自己将得利益的，一律都应当“与国际接轨”；凡是能保护自己既得利益的，都符合“中国国情”。反之则不然。

“真”伪命题　所谓“‘真’伪命题”是指说话人为了达到不可告人的目的，以貌似真诚的形式把其明知的伪命题当做真命题来阐述的行为，即，“饰”伪“显”真。该类霸权话语多出现在语境势差值对比非常微弱，或恰恰相反，势差对比非常强烈的场合。

例如，时下流行的“没有什么比生命更珍贵”这一命题其真值条件依存于某一具体语境，如绑架案或天灾人祸等不得不牺牲其他物质利益以挽救宝贵生命的时刻，而不是所有场合。不幸的是，某些人为了某些特殊集团的利益，先把这一命题“去语境化”，偷换“什么”和“生命”两个概念(此“什么”非彼“什么”，此“生命”非彼“生命”)，从而去除了其真值条件；然后再堂而皇之地将其无限扩展到其他领域，直至推崇为一种所谓“尊重生命”的法理。按此推理，整个国家的财产不如贪官一条性命珍贵，贪官免死理所当然；尽早取消贪官死刑，不仅符合时代精神，体现人权至上原则，而且比其他惩治措施“更有效”。[①]

刘(2010)在下段引文中还有另外一个伪命题：“政治家应基于原则信仰”“对民意进行适当的引导”，“而不是屈从于民意”。

> 尽管人权学者主张，在废除死刑这个问题上，政治家应基于原则信仰而不是屈从于民意，但不可否认的是，任何一个政治家在作出废止死刑的决定时，肯定要考虑到民意的强弱。……
>
> 在我国当前反对废除贪腐犯罪死刑的民意居高不下的情况下，除了前面所说的要从体制机制上设法把贪腐犯罪的严重性降下来，还要对民意进行适当的引导……[②]

在此，刘并没有明言而是借人权学者之口预先框定了“政治家”的“原则信仰”与“民

① 刘仁文：《创造条件取消贪腐犯罪死刑》，见《经济参考报》9月21日。
② 刘仁文：《创造条件取消贪腐犯罪死刑》，见《经济参考报》9月21日。

意"之间的关系：前者是把握时代脉搏的领路者，后者是观念陈旧的盲从者；前者是明智的，后者是懵懂的；前者具有宽广的国际视野，后者鼠目寸光；前者是正确的，后者是错误的；前者是主动的，后者是被动的。所有这些预设本不必然具有其相应的真值条件，但却被表述为一条似是而非的"真理"。

阴阳乾坤 在语境表面势差对比明显、但真实情况恰恰相反时，霸权话语者会巧妙地将"坤、阴"逆转为"乾、阳"，反之亦然。"上有政策、下有对策"就是一种更隐蔽、更可怕的霸权话语类型。在这里，貌似"势微"的下级以"太极拳"般的措辞，阉割、篡改、割裂貌似"强势"的上级各种话语。

例如，在研究如何处理某县级干部时，有关部门很认真、详细地分析了中央关于问责的有关规定，巧妙地回避了"免职"、"免去"、"责令辞职"、"罢免"、"撤销"等种种用语，精准地选用了"调离"这个进可攻、退可守的万能词汇。"这个词至少有以下三个作用：其一，能给人以作了严肃处理的假象。其二，能为日后重新起用打下伏笔。其三，可以从容应对舆论对重新重用的质疑。"（汪强，2010）

小结

虽然以上霸权话语相互区别，但又相互联系。可以看出，霸权话语者会根据话语势差的变化而不断地对其话语进行精巧的调整。即，他们会根据时间、空间、受众的不同，先对其话语内容、形式作出预判，后再付诸话语实践，从而以最经济的方式实现其个人利益最大化。

三、性　质

霸权话语除了具有暴力、对抗、破坏三重社会学属性外，还具有深刻的语言文化哲学属性。

从语言文化哲学属性的角度而言，当代中国特殊利益集团霸权话语显性或隐性地实践了西方长期以来所倡导的功能主义和个人主义，践踏了中华民族对语言的本质阐释。借用施旭（2006：134）的话来说，（1）作为欧洲重要的语言哲学基础的功能主义主张："语言是人们用于获得自我目的的工具。……善于算计的人类将语言当做工具，以达到个体或群体的、适合生存的目的。相反，中国传统的语言哲学认为，话语不是用来满足自我目的的，而主要是创造或保持和谐社会关系的工具，是'立德'的行为，是'依经立义'、'依道立义'的意义构建活动。""（2）欧洲功能主义的语言哲学观，在更深、更广的文化、精神道德层面，又是建立在西方社会所崇尚的工具理性和个人主义之上的。这种言观把语言看做最终是为话语者自身谋利的，因而它不易使人看到话语中对他人关怀和以此为基础的语言的社会本质。这与中华传统文化话语将‘仁(爱)’、‘礼’、‘和谐’、社会政治目标(如治、平天下)、‘天人合一’等作为最高的社会行为原则的情况正好相反。”①

三、霸权话语基础

当代中国特殊利益集团霸权话语,作为话语的一种形式,“不仅是表说方式,也是行为方式,……同时也是一种思维方式”。② 能够支撑一个人或某一特殊利益集团话语霸权的要素是深层次的,它涉及伦理价值、权力、社会文化和舆论导向四个方面。其中,伦理价值为核心,权力制度、社会文化氛围、舆论导向是其外在表象。核心价值决定外在表象的存在形式,外在表象反过来保护内核不受外力控制、扭曲、毁灭。二者相互依存,相互促进。

(一)伦理基础

自古以来,平等对待每一个人、设身处地善待每一个人是东西方主流教义中的核心价值理念,是人类处理自由意志与他人利益关系的普世和谐法则。孔子:“己所不欲,勿施于人。在邦无怨,在家无怨。”(《论语·颜渊第十二》)索罗亚斯德:“唯本性为善,凡不善于己者,皆不施于他人。”(Dadisten-I-Dinik, 94.5)释迦牟尼:“以己喻彼命,是故不害人。”(《法集要颂经》,爱乐品第五)犹太教希勒尔:“你不欲他人对你做的事,亦勿施于他人。这是整部圣经的要旨,其余皆注解。”(《塔木德经》,安息篇31a)耶稣:“你要他人怎样待你,就要这样对待他人。”(《路加福音》6:31)穆罕默德(570-632AD):“伤哉!称量不公的人们。”(《古兰经》83:1)康德:“己所欲,亦勿强加于人。”③

而霸权话语者摒弃了上述金科玉律,反其道而行之。他们笃信厚黑哲学、为达目的不择手段。他们是马基雅弗利主义忠实信徒:与目的的重要性比较,手段处于次要地位;目的本身就能自足地证明手段的合理性,反之亦然。在人生实践中,非赢即输、你死我活的生活哲学意味着胜利只属于单边;无论是施与者还是接受者并没有把对方放在人格平等的位置上,而是作为达到目的的一段桥梁。因此,为争夺最大利益通过惩罚、恫吓、奖赏、许诺向对方施压,历史上司空见惯。④

---

① 施旭:《话语分析的文化转向:试论建立当代中国话语研究范式的动因、目标和策略》,《浙江大学学报(人文社会科学版)》,1:第134页。

② 施旭:《中国学者的文化责任》,《社会科学报》8月6日第6版。

③ 康德著,苗力田译:《道德形而上学原理》,上海人民出版社。

④ 马基雅维利著,张亚勇编译:《君主论》,北京出版社。

(二) 权力基础

权力的运行有积极、消极两种模式。前者是指当权者或强势者以维护大多数人的利益为宗旨,通过合法形式运行权力,其结果是社会的和谐发展;后者则是指当权者或强势者为维护其非法、反伦理利益,通过程序合法但实体违法或程序实体皆不合法的方式运行权力,其结果往往是社会矛盾逐渐加剧,甚至导致社会崩溃。[①] 实际上,霸权就是国家公权失去相应制约并与社会上其他强势扭结在一起后,在某一社会内部显性或隐性的消极运行。

(三) 社会、文化基础

改革开放三十年来,我国的经济建设与政治改革、精神文明建设严重失衡。几近失控的行政、经济垄断直接导致了权力的极端化、畸形化——部门特权、私人特权、政治康采恩特权不断涌现,这又直接导致了跨行业、跨领域特殊利益集团的强势联盟,最终发展为当代中国社会的顽疾。一如封建时代诸侯称霸、食客满屋,不良学者、腐败官员与某些商界大腕沆瀣一气,在极短时间内形成危害社会、破坏和谐稳定的腐败铁三角。一方面,霸权行为和霸权话语催生了畸形的“权势文化”现象。越来越多的人对霸权话语耳熟能详、麻木不仁、甚至顶礼膜拜。现实世界里,人们吃着“面霸”、穿着“劲霸”、唱着“麦霸”、洗着“浴霸”、用着“电霸”、谈着“波霸”、追着“学霸”、供着“毒霸”、听着“小霸王”、赏着“霸王花”……虚拟生活中,体现当代厚黑成功学精髓的《霸道人生》系列小说备受追捧。另一方面,这些畸形文化又反作用于霸权行为和霸权话语,或推波助澜、或催生新的霸权话语。

(四) 舆论基础

其实,舆论、伦理、权力、社会文化四者密不可分。这里笔者单独列出,目的是唤醒大众的麻木意识。从互文性角度而言,“去道德化”是中国社会当代霸权话语与历史霸权话语双重语境的厚黑共核。尽管两千多年前的群雄争霸时代与二十多年以前(上世纪80年代)改革开放初期有着本质上的不同,但这两个时段的话语竟然有一个共同特点:建功立业、强国富国、求贤若渴、饮鸩止渴,是两个时代如出一辙的选择。从古至今,人们更习惯于津津乐道某人如何有勇有谋、攻城略地、开拓疆土,而对他的无良无德、冷酷无情、利益熏心无意提及。战国时代有杀妻求将的吴起,三国时期有冷酷无情的曹操。

上世纪80、90年代,改革开放背景下“尊重知识、尊重人才”、“年富力强、开拓进取”登上了历史的前台,而尊重“道德、操守”日渐淡出人们的视线。更多的人把“知识”仅仅局限于“专业”(80年代)和“金钱”(90年代);把“人才”功能定势为“增盈”(80年代)、“效率”

---

① 韦伯著,林荣远译:《经济与社会》(上),商务印书馆,第81页。

和“生命”(90年代)。而这一观念的嬗变是在彼时代舆论宣传的引领和催化作用下完成的。

1980年代中叶,《人民日报》掀起了里程碑式的新人才理念大讨论。社论《放手选拔使用勇于改革创新的人才》(1984年9月14日第一版)旗帜性地提出了时代人才的四大标准:1)坚持马列主义;2)年富力强、文化程度高,拥有新知识、新技术、新思想、新经验;3)强烈的事业心和责任感,目光远大;4)服从真理、从善如流。有趣的是,社论不忘特别指出,我们应该允许人才有这样或那样的缺点。

之后,大量系列杂文密集涌现,且其舆论导向发生了很大改变。这些文章批评我国过去倾向选用不贪污、无男女作风、才能平庸、唯唯诺诺之人;极力倡导“不拘一格降人才”——对人才不能求全责备,哪怕是他有一些道德“瑕疵”或其他“错误”。社论《选拔干部不要受干扰》(1985年6月9日第2版)的基调又有了微妙而重大的调整。它强调,我们的用人观念应该“转到为改革和四化建设的轨道上来,坚定不移地把那些年富力强、知识较多、作风正派、富有开拓精神的干部选拔到领导岗位上来”。从社论《放手选拔使用勇于改革创新的人才》(1984年9月14日第一版)到社论《选拔干部不要受干扰》的发表时间只有短短9个月,但选拔人才的第一标准已悄然发生了天翻地覆的变化——属于道德标准已暗然退居三线。

这种饮鸩止渴式的“重才轻德”、甚至是“只论本事、不论道德”的人才观,实际上是从一个极端走到了另外一个极端。如此的历史选择必然而且已经促成了无德贵族、官僚阶层的在短时间内迅速大规模涌现;而这种渗透力极强、跨度极广的特殊利益集团反过来创造新的霸权话语。当代诸多媒体对金钱、成功的高频度、高亮度渲染,令越来越多的人头晕眼花:财富即成功,成功即财富;手段善恶美丑不再重要,目的是我唯一。

五、霸权话语的消解

霸权话语的存在与蔓延,对我们社会的发展,是一个警示,更是一个启示。面对这种咄咄逼人的形势,我们应举全国之力尽早在国内消解霸权话语。

第一,我们应当在伦理、舆论层面鼓励、保护正义的担当者、守护者,让“尊严”、“平等”、“和谐”真正深入人心,让霸权话语失去文化土壤,让“八荣八耻”真正成为我国公民的行动准则。第二,从人事制度上而言,全社会(包括政府)都应下大力气在社会各个层面恢复、落实、巩固、弘扬“德为先”人才观,提拔大批德才兼备、真正能够担当时代使命的栋梁之材。这些人的行为与话语因其重要的社会地位,对构建与发扬光大民族和谐话语、打击霸权话语起着不可替代的、强大的垂范作用。第三,从社会层面认真倾听、保护、壮大弱势者的合理声音。“有利益的表达才有相对的利益均衡，有相对的利益均衡才有长久的社会稳定，尽可能多地倾听社会各方面的声音……以政府之力，维护弱势人群的表达权，使他们的利益能够通过制度化规范化渠道正常表达，这是共建共享的应有之义，是构建和谐社会的关键所在。”“听见与被人听见，本是‘社会人’的基本诉求；说话与听人说话，更是现代文明的基本共识。”①

总之，伦理价值观念是核心，组织人事制度是关键，舆论宣传是主导。只要三者协同作战、一以贯之，业已形成气候的当代中国的特殊利益集团霸权话语就会逐渐失去制度上、伦理观念上、舆论上、社会文化上的生存土壤，从而踏上从鼎盛到衰落直至最终灭亡的过程。

参考文献

[1] 华静言(2010). 禹晋永召开新闻发布会，誓要打官司到底.《新快报》,8 月 4 日.

[2] 康德著，苗力田译(2002).《道德形而上学原理》. 上海：上海人民出版社.

[3] 刘刚(2010). 7 村民“敲诈政府”背后乱局.《新京报》,10 月 22 日第 A01 版.

[4] 刘仁文(2010). 创造条件取消贪腐犯罪死刑.《经济参考报》,9 月 21 日.

[5] 刘植荣(2010). 看看外国真实的民用电价.《羊城晚报》,10 月 19 日.

[6] 马基雅维利著，张亚勇编译(2007).《君主论》. 北京：北京出版社.

[7] 人民日报评论部(2011). 倾听那些“沉没的声音”.《人民日报》,5 月 26 日第 14 版.

[8] 沈玮青(2010). 唐骏沉默一周后受访：能骗到所有人就是成功.《新京报》,7 月 13 日.

[9] 史密斯(2001).《乔姆斯基：思想与理想》. 北京：外语教学与研究出版社.

[10] 施旭(2006)话语分析的文化转向：试论建立当代中国话语研究范式的动因、目标和策略.《浙江大学学报(人文社会科学版)》1：135 - 138.

[11] 施旭(2009). 中国学者的文化责任.《社会科学报》,8 月 6 日第 6 版.

[12] 施旭(2010).《文化话语研究：探索中国的理论、方法与问题》. 北京：北京大学出版社.

[13] 孙立忠(2010). 有一种问责叫“褒奖式问责”.《 新华每日电讯》,10 月 28 日.

[14] 韦伯著，林荣远译(2006).《经济与社会》(上). 北京：商务印书馆.

---

① 人民日报评论部：《倾听那些“沉没的声音”》,《人民日报》5 月 26 日，第 14 版。

Types, nature, bases and dissolution of special interest groups' hegemonic discourses in contemporary China

HAN Jiu－quan,
Hebei Agricultural University

Abstract: In recent years, special interest groups' hegemonic discourse in contemporary China casts a great threat to the Chinese harmonious discursive construction. Under this setting, this paper attempts to study the hegemonic discourse from the following aspects: 1) it can, methodologically, be classified into six types; 2) its nature has western linguisitic-cultural-philosophical features;3) it survives on certain ethics, power system, social-cultural soils including that of media; 4) it could get to be dissovled if some proper countermeasures are taken.

Keywords: contemporary China; special interest group; hegemonic discourse; survival; dissolution

作者简介

韩久全,男,河北唐山人,河北农业大学英语系副教授,硕士,主要从事话语与文化研究。最近发表文章有《流行文化语境下网络符号精英超链接话语标记》(《当代中国话语研究》2010)、《约翰·厄普代克的宗教观》(《当代外语研究》2010(3))、《跨文化交际:中国外语本科人才应有的培养方向》(《英语广场(学术研究)》2011(Z2))等。

通讯地址:河北省保定市灵雨寺街289号

河北农业大学外语学院

邮　　编:071001

邮　　箱:jiuquanhan85@163.com

“言不尽意”和语言含蓄论——CAD&CDA的话语意义生成规则分析

◎杨　娜

浙江大学

摘　要　文化话语研究是施旭(2005,2010)提出的新的话语研究视角和方法,旨在通过话语研究的方式关注社会热点并帮助理解我国的众多实际问题,如政治媒体语言的理解,加强中西方的交流。与之对应的批判话语分析,近几年来在国内话语学领域独占风骚,然而中西学术话语的混乱与翻译不清,造成话语研究领域西方理论运用与中国本土语境的摩擦与碰撞,本文试图从对“言不尽意”和西方关于语言含蓄性方面的理论比较来分析语言生成规则的原因,从而从语言理解层面加深理解文化话语研究方法的意义。中西这两种理论体系关于语言意义解读的差异是两者不能完全统一对称的根结所在,西方概念思维重规则的约束性、人的主体性,强调非此即彼,而中国象式思维强调“以少言多”,是解放性、主体自由性的话语。

关键词　道;象性思维;概念思维;中华话语;文化

一、引　言

一直以来,在语言与文化的研究中,众多学者都认为文化导致的语言差异是很大的,如美国语言学家Sapir就认为语言的背后是有东西的,并且,语言不能离文化而存在,所谓文化就是社会遗传下来的习惯和信仰的总和,由它可以决定我们的生活组织。[①] Sapir的“语言相对原则”告示着研究者们在对待语言的问题上始终不能摆脱文化的因素,于是乎学界出现了一系列“中西合并式”的语言学者,他们试图以西方所谓先进的“概念、原则、方法”来补充说明中国文化中欠缺的“逻辑”,或者像一味倡导中华文化的爱国者努力用自己本土的思维方式来说明西方的语言现象,所以才有了若干像“言不尽意”、“言外之意”直接被译为“implicatue”的说法。辜正坤先生却明确指出很多人都在指望中西文化的有机

---

① Sapir, E.: *Language: An Introduction to the Study of Speech.*, Brace.

结合,但实际上融合过程一旦发生,常常不是平等的融合,而往往是一种文化把另一种文化整个儿吞没,因为二者的性质很不一样,甚至是对抗性的,似乎具有你死我活的特点,所谓融合就多半衍化为兼并过程,其中一种文化的性质很快占上风,把另一种彻底压倒。[①]这在当前中国的话语分析中主要体现在植根于西方的批判话语分析被直接大量引用到中国,概念的对等和"生搬硬套"频频出现在话语分析的领域,如用"implicatue"代替"言不尽意",或是用 Norman Fairclough 笔下的"intertextuality"来代替"无言",用"social practice"来代替"切己体认"。这种"拿来主义"将中国的"象语"往西方的模子里套,使原来话语中的致思方式没有得以体现,表面上理论清晰、分析得当,反而却使得中国人所特有的诗性智慧变成了"雾中之花"。除了概念本身的技术含义以外,外国研究者看不到"虚实相生"、"有无相生"这样的文化母体,所以简单的"对等"与"拿来"不仅蒙蔽自己的眼睛,看不到"尚象"背后中国式的"宿构",更使得中西文化间话语的平等交流变成了单一的西方式话语范式,就象辜正坤先生描述的"占了上风的这种文化当然也可以已自己的方式发展起来,但是原来的那种文化就可能被瓦解了、消灭了"[②]。那么中国的话语分析方法和西方的批判话语分析又不一样在哪里?而不一样的概念是否会阻止我们中西方有效的对话?两者在对语言生成的理解上又有何不同?这些都是本文所要解决的问题。

其次,在国内也已经有一大批学者、专家开始注意到并致力于中华文化范式的传播,施旭(2005)提到在西方文化中,人们通常把语言作为个人价值观念来表达,强调"identity",而在东方文化中,人们总是将言语交谈作为一种维系人际关系与构建和谐的工具[③]。文化话语研究(cultural discourse studies)是施旭(2010)提出的新的话语研究视角和方法,旨在通过话语研究的方式关注社会热点并帮助理解我国的众多实际问题,如政治媒体语言的理解,加强中西方的交流。要理解这种新型的视角、理论和方法,就必然首先回归于对语言生成理解的阐述,即首先回答语言和意义的关系问题。然而大多学者、专家仍停留在对文学文本的解读,比如以曹顺庆先生为代表的学者将中国诗性智慧放到中文文本的解读中,但却没有分析生活中实际存在的语言现象。刘金文在他的"言不尽意的语言学阐释"也提到"目前,学术界对此多有探讨,但是多从语境、文化的角度,而没有深入到语言本身"[④]。本文也试图从意义生成本身的角度来分析"言不尽意"之说,以区别西方的"implicature",达到彰显中华话语之文化母体的目的。

---

① 辜正坤:《互构语言文化学原理》,清华大学出版社,第233页。

② 辜正坤:《互构语言文化学原理》,清华大学出版社,第233页。

③ *Shi-xu*: *A Cultural Approach to Discourse*. ,Palgrave Macmillan,63.

④ 刘金文:《言不尽意的语言学阐释》,《现代汉语》第5期。

二、CAD 与 CDA 的言语生成原则

(一) CAD 与"言不尽意"之说

文化话语研究(A Cultural Approach to Discourse,以下简称 CAD)是施旭(2005,2010)针对中华文化语境和话语研究的特点提出的一套新的研究方法,他将植根于本土的语言整体观和和谐观注入话语研究理论体系中,以东方范式的特异性来评价人们的话语实践。许多东方的话语是含蓄和高语境的,例如中国文化认为,言语未及的比宣之与口的更为重要,即"言不尽意";"意境"、"道"等等方为人们所追求的内涵(施旭,2010:25)。所以要建立东方范式的话语研究体系,我们首先必须理解该体系下言语生成的基本原则和它与西方体系的区别。

"言不尽意"在汉英大字典(2006)中被解释为"I should like to say more (but I have to conclude this letter now)",多用为书信结尾套语,表示意有未尽,"临纸哽塞,言不尽意"。而这一表达,最早出现在《易·系辞上》,《系辞上》说:"子曰:书不尽言,言不尽意。然则圣人之意不可见乎?子曰:圣人立象以尽意,设卦以尽情伪,系辞焉以尽其言,变而通之以尽利,鼓之舞之以尽神。"[①]也就是说语言不能完全表达思想的全部内容,但这也并不意味着语言无法表达。楼宇烈先生(1998)认为前者中其实包括了两种不完全相同的说法:一是认为,一般的语言是不能完全表达事物根本道理(意)的,但圣人可以通过特殊的"语言"来揭示事物的根本道理。如《易·系辞上》中所说的:"子曰:'书不尽言,言不尽意。'然则圣人之意,其不可见乎?子曰:'圣人立象以尽意,设卦以尽情伪,系辞焉以尽其言。……'"即是此意。二是认为,事物的根本道理是无法用语言表达的,反过来也就是说,语言是不能传达事物的根本道理的。如《庄子·天道》中说:"悲夫!世人以形色名声为足以得彼之情。夫形色名声果不足以得彼之情,则知者不言,言者不知,而世岂识之哉!"即是此意[②](楼宇烈,1998)。在中国古代,占主流的观点是"言不尽意",在言之外尚有更为本质的存在,即不分精粗的"道"和圣人之意[③]。

古往今来,大多哲学家们似乎都只关注了"言不尽意"之说带来的主、客观之分、唯物与唯心之分,而忽略了关于"意义"的探讨,笔者认为"言不尽意"中的"意"也不能简单地解释为"meaning/implied meaning",其中包含了不可言说之"道"。《庄子·天道》中谈到

① 曹顺庆:《中国古代文论话语》,巴蜀书社,第 50 页。

② 楼宇烈:《欧阳建〈言尽意论〉正读》,《人民政协报》2 月 16 日第 3 版。

③ 曹顺庆:《中国古代文论话语》,巴蜀书社,第 107 页。

"世之所贵道者,书也,书不过语,语有贵也。语之所贵者,意也,意有所随。意之所随者,不可以言传也。"《庄子·秋水》说:"可以言论者,物之粗也;可以意致者,物之精也;言之所不能论,意之所不能察致者,不期精粗也。"庄子的这两段话中都谈到两层意思:第一层是"言"和"意"的关系,第二层是"意"和"道"的关系。"意之所随者"、"意之所不能察致者"都是玄之又玄的"道",庄子认为,认识主体的人在体认和把握深微之"道"时,语言和心意是有很大差别的,心意虽然也不能完全"察致"玄虚之"道",但毕竟可以把握到一些细微之处,即其"精"者;而"言"当然也只是不可尽意了,也就是所谓"道可道,非常道;名可名,非常名"。

(二) CDA与语言含蓄性理论

批评话语分析(Critical Discourse Analysis,简称为CDA)是将语言理解为社会实践,并以语言英语使用的语境作为重要因素来考虑的理论体系,它主要研究的重点是语言与权力之间的关系(Wodak & Meyer, 2001: 2)。CDA将语言视作社会行为方式,通过对语言的批判性分析来看待社会变迁、权力滥用、意识形态的强加和社会不公正的实施,但无论是Fairclough关于"话语分析,话语实践的分析,社会惯习的话语事件分析"的多元化分析框架,还是Van Dijk关于社会结构和话语结构的身份认同分析,再或是Wodak关于话语历史维度的分析,CDA仍旧将语言内部结构的分析视为话语分析的重要部分。从研究的出发点而言,CAD和CDA都是以社会热点研究为导向,但两者所不同的是关于文本分析中语言分析的视角和思路,而这两者的不同起源于二者对意义生成的理解方式不同,前者认为"言"不能尽"意",语言不能完全表达意义,而意义的理解也不能单一从语言形式的分析来获取;后者则以"语言含蓄"来模糊"无法生成意义"的部分,并以"以言行事"、"会话含义"等来解释意义的生成规则。

从三四十年代作为日常语言学派的Austin开始对言语行为进行思考,并将语言和语用联系分析以言行事的行为,再到六七十年代Searl、Grice等对Austin的理论作了重大的修改和补充,西方逐步形成了特有的一套比较系统的关于言语行为的理论体系。这种体系也成了批判话语分析者分析语言的有利工具。CAD研究者在理论概念上承认言语和语境两者的重要性,但是在具体的实证分析上却往往把注意力放到可观察得到的语言形式上(施旭,2010: 25)。作为西方言语行为研究代表的Austin和Searl等人,以"conversational implicature"来表达"illocutionary act",这种表达却被众多中国学者误解为了中华文化中的"言不尽意"后的"言外之意"了,所以中华文化话语常常被以西方式的"科学"逻各斯进行数学公式化分解,于是含蓄模糊、辩证统一、和谐的中华话语脱离了"道"的语境,被安置了"逻辑(logic)"、"推理(inference)"、"命题(preposition)"、"构成条件(constitutive rules)"等一系列"清楚"的概念,殊不知中华文化的象性思维是西方概念思维所无法阐释的。分析中国文化话语，归根结底，还是应该回归到利用中国象形思维的致思方式来考虑，并尝试用中国本土的话语来解释各种语言现象，而不是偷梁换柱，简单地拿外来的"阳科学"替代本土的"阴科学"。[①]西方女权主义者和黑人理论家以返回母语、土语为建立他们自己理论话语的基本策略的想法，则可以从另一方面给我们一点启发。[②]

关于意义的探讨，Austin作为西方言语行为理论的先驱，为后人提供了分析言语行为的精细方法，但却未对这种"阳科学"给出完整的理论，Searl则提出"命题内容行为"(propostitional act)的概念，作为对奥斯汀理论的补全，他不仅对以言行事行为进行了更为细致的分类，并以规定规则(regulational rules)和构成规则(constitutive rules)作为语言意义解释的准则。他的这种看法来自他所谓的"可表达性原则"(principle of expressibility)，简称PE，即对于任何意义X和任何说话者S来说，只要S想表达X，那么总可能有某种表达式E存在着，E就是X的确切表达式。[③] 他的言语行为理论框架是基于一条表述原则，即"欲意皆可用言表"建立起来的。[④] 也就是说，根据这条原则，说话人想要表达任何意义都能有相应的语言表达式来表达。这似乎与中古以欧阳建为代表的"言尽意"之派有了几分相似之处但其实大相径庭(第四部分笔者将对此进步讨论)。

Grice进步探讨语言的意义，将意义分为了"常规含义(conventional implicature)"和"会话含义(conversational implicature)"，在交谈时，"用意"基于"字义"但比"字义"丰富，在我们所说的话和我们说话的"用意"之间常有一定的距离，这种说话的"用意"就是"会话含义"[⑤]。例如：

(1) A：Would you like to go to the cinema with me?

B：There's an exam in the next week.

(2) A：这件衣服好看吗？

B：你上周不是刚买过一件吗？

在上述两个对话中B都没有直接回答A提出的问题，表面上是答非所问，而事实上他们已经成功地表达自己的内在含义并清楚地知道A对自己的意图是完全了解。Grice

---

① 辜正坤(2004：243)把科学分为两类：把中国式的这种科学叫做阴科学，西方式的那种科学叫做阳科学。阳科学的特点是把事物进行归类，从一个点演绎出一个体系出来，具有很强的逻辑；它还讲究实证性，注意通过重复外部的实验来证明论点。

② 曹顺庆：《中国古代文论话语》，巴蜀书社，第394页。

③ 涂纪亮：《英美语言哲学概论》，人民出版社版，第369页。

④ Searle, J. R., *Expression and Meaning: Studies in the Theory of Speech Acts*, Foreign Language Teaching and Research Press, 19.

⑤ 何兆熊：《新编语用学概要》，上海外语教育出版社，第152页。

着重非自然的意义,并把"意义"和"意向"联系起来,认为说话者S借助说出X来意指某一事物,这就是表示S企图借助于说出X来在听话者A身上产生出某种效果,使听话者A承认S的意图[①]。联系上例(1)我们可以这样来推测:B借助考试(exam)来向A意指"下周有考试"这一事实,而这一事实也是表示B企图通过考试这件事实在A身上产生出一种取效行为,即B不能和A一起去看电影,用公式表达如下:

S(b)……X(exam)……A(a)……T(b not going with a)

根据Grice的分析说话人S(b)要想成功地表达并执行T这种意图,必须经过一个复杂的过程,这个复杂的过程后来被Searl加以改进,以约定俗称的规则来制约言语表达以达成成功的交际效果,而后合作原则(principles of cooperation)更是将语言的规则与意义的规则完全平衡。从规则的前提上来说,他们都是承认语言可以言意的,无论是Austin的意必定有音,还是Searl的语言万能表达,都无不彰显着西方语言观中的本体论,即人的存在本身就有语言性,这与中国道家学派中支持的"道不可言"形成了鲜明的对比,试问在这种截然不同的世界观面前,又如何能把"illocutionalry act"、"conversational implicature"与老庄的"言外之意"等同起来呢?充其量只能说他们反映了语言中相同的现象,但对现象背后的解释却大相径庭。因为有一些言语行为并不受什么惯例或约定俗称的规则的限制,或者认为根本不可能给言语行为事先规定什么必要而且充分的条件[②]。

上述两种语言生成规则的不同,是中西关于语言与意义的深层理解不同的表现。中国语言的象性思维模式和和谐话语方式使话语呈现"言有尽,而意无穷"的境界,比如说话人重视"以言利行",比如古代关于"男尊女卑"的记载从"天尊地卑"而来,目的在于体现天地的差别,男女社会分工的不同,这种早期对男女的理解即便是包括了对人与自然的整体性理解。"性别歧视"作为西方概念体系下的术语以"个人"为标准制定的价值取向,方便了批评话语分析者以个人价值的预设达到对对方的批判,通过存在于语言之内的"意义"来获取认识的"真、善、美",以达到说话人通过言语交际获取的目的。

三、"言不尽意"和语言含蓄论的系统区别

正是语言本体观的存在,语言学家们对言语的理解受到了直接的影响,认为人类的"意义"都可以以语言为中介进行肢解分析,语言的主体性导致了人的从属性,Austin抽

① 涂纪亮:《英美语言哲学概论》,人民出版社版,第370页。

② 涂纪亮:《英美语言哲学概论》,人民出版社版,第374页。

象出的三种行为也好，Grice 的合作原则也罢，再或者是后来不断涌现的“礼貌原则”、“幽默原则”，这种种都无非是用固定的原则来规范人的话语行为，是主客对立的哲学观念。不同于西方的是，中国的“虚实相生”、“相生相克”让整个主客观世界达到一种融合的境界，以东方的“天人合一”为基础，以不可言说的“道”来帮助体悟话语的意义。

西方自 Kant 开始就提出过认识是先天的范式或范畴对感觉材料的整合，到 20 世纪时 Saussure 的结构主义论强调人的一切认识都离不开语言的组织与整合，在语言的中介作用之前，人的感觉混沌一片，不可能被人所认识，他认为语言之外的东西不属于人，不在人的认识范围之中。这也是最早关于语言和意义的系统理论化认识，直到 Wittgenstein 和 Humboldt 等人在语言与世界问题上达成共识，认为语言具有构造世界的重要意义，是实现现实关系的中介，“我们语言的界限就是我们世界的界限”（曹顺庆 2001）。在 Gadamer 的本体论中，他更是提出在所有关于自我的只是和关于外界的知识中我们总是被我们自己的语言所包围。语言的决定性被本体论者们推向了高潮，以至于甚至忽略了语言外可认识的世界。Derrida 区别以往的本体论，将人的语言性替换发展为“语言文字的先天性”，认为能指是依据差异来显示，所指依据其与能指间的差异及各所指间的差异而显示，所以语言没有了固定意义。这种观点仍旧摆脱不了人的世界只能在语言之内的逻辑。曹顺庆(2001)采用反推法，验证了世界不是以语言为界限，如果是的话，则“任何理解都具有合理性、误解性（因为语言文字的意义由于能指与所指间的任意转换区分而无限延期)，语言不再有固定意义，人无法利用语言表达”①。

（一）“言不尽意”与道、象之说

“言不尽意”的结果归根于“道不可言”，即语言的局限性，语言的独立性并不是说语独立于人、主宰于人，中国道家的思想认为言虽不尽意，但并非完全不达意，语言具有基本传达的功能，对于不能传达的部分仍旧属于世界的一部分，它和被语言表达的部分一起共同构成整体的世界。对于不尽的“意”，以“道”的形式存在，有待于以正确的言说方式和正确的理解方式消除其独立性。不同于上述西方概念中提到的“illocutionary act”和“conversational implicature”，道家不是追求对语言的控制，而是通过语言的操作“颠覆”权力宰制下刻印在我们心中的框架并将之爆破，还给我们一种若即若离、若虚若实活泼泼的契道空间②。这里的若即若离、若虚若实，则来自于“玄而又玄”的“道”之说。这种传统中国人讲究的“道”，又存在于万事万物的“虚实相生”和“相生相克”之中，所以“言不尽意”不是表面的潜在含意(即“implicature”)，而是一种传统的世界观和基本致思方式，如果说

---

① 曹顺庆：《中国古代文论话语》，巴蜀书社，109－110 页。

② 叶维廉：《道家美学与西方文化》，北京大学出版社版，第 96 页。

西方人所需要推导的“conversational implicatue”是“X is Y”的结构的话，那么“言不尽意”所表达出的是“X is BEING Y”的模式，因为在“言不尽意”的本真表达方式和本真领会中，我们无法找到固定的类似CP原则或者礼貌原则这种逻辑化的概念，它所代表的只是一种“非此非彼”的运动化过程。过去研究的不足之处在于，道家思想本身包含的混沌冥默状体或者被忽略了，或者被当作现成的东西而被纳入到形而上学的系统中①。所以才有了语言学界以“implicature”替代“言不尽意”的说法和主张，但中国特有的语言现象很多是难以单凭西方的这些原则或理论能推理清楚的，比如：

(3) Yin excess causing yang deficiency, yang excess causing yin deficiency; excessive yang generating heat, excessive yin generating cold; extreme cold generating heat, extreme heat generating cold (黄帝内经).

阴盛阳衰，阳盛阴衰；阳盛生热，阴盛生寒；极寒生热，极热生寒。

“黄帝内经”作为中国传统医学的典著，被译为好几种语言为国外医学专家学习借鉴，但无论哪一种译本都无法从语言上清楚解释代表中国八卦的阴阳之说，“dichotomy”也好，“opposite”也罢，都无法道明中华话语背后深藏的象形思维。吴宗杰认为中医作为中国传统文化的话语，不能通过科学论证来开展其社会活动，但是今天有关中医的表述越来越混杂一种论证式的语言并逐渐被后者所支配，这种混杂往往带着文化霸权的特点。②这种文化霸权的话语观与笔者关于“言外之意”误用的观点正好不谋而合。

中国的“象”性思维是帮助我们言说或理解“不可尽”的“意”的特殊方式，是解决中华话语中含蓄特征的方法。庄子认为“语之所贵者，意也，意有所随；意之所随者也可以言传也，……(《天道》)”，言是为了传达意，但“意之所随者”的道，却不可以言传，因为“道可道，非常道”，这个常道，是没有“形色名声”的③。“道”虽不可言，“言”虽不可“尽”，象语却作为了文化的原始意义架构，“象征”了“物宜”(《系辞上》：“圣人有以见天下之绩，而拟诸其形容，象其物宜”)，那么何又为“象语”？它又是如何帮助我们“立象以尽意”的呢？兴象犹如易象，作为文化母体的“宿构”承载着“象下之意”自然也包含着通约众象且为众象所共享的文化价值，所以说南宋杨万里一语中的：“象者何也？所以形天下无形之理也。”曹顺庆认为“无形之理”所关注的自然是兴象背后所承载抑或包容的义据或事理，而不是兴象本身或者物象间业已存在的各种关系。言说者经常通过触发作为文化母体的兴象或象语中所内蕴的种族文化记忆来激活其中潜存的共享文化价值，并以此引起“触物”者心中的

① 那薇：《道家与海德格尔相互诠释》，商务印书馆，第290页。

② 吴宗杰：《中医语言西化的话语秩序分析》，《医学与哲学》第4期，第73页。

③ 狄兆俊：《中英比较诗学》，上海外语教育出版社，156页。

共鸣[①]。中国人说话惯以铺垫式方式为主，以"抛砖引玉"之功效达到言说的目的，究其形而上之致思方式属于"象语"的诗性空间，中国思维的诗性智慧导致的长期"中华文化母体"为其语言表达的"晦涩"与"间接性"提供了思维的基础，所以才不断有了"旁敲侧击"、"由此及彼"、"正言若反"的言说方式。当然关于中国诗学的"用晦"也是需要我们注意的，它并不是完全否认西方的委婉或隐晦，比如：

(4) You're a real Steward!

You're something.

你真牛！

上述三句中的含意均为表达对对方的夸耀，而无论是汉语还是英语都采用了相同的隐晦方法来表达内在的情感，在这种程度下的"言外之意"可以与"implicature"相对对等，所以"中国诗学的'用晦'之术则堪与西方诗学的'晦涩'对举，二者同属于崇简与去累这个维度，其实质就是为了'致简'，从而做到'无达诂'，只是相比之下，中国的用晦之道更为婉曲，西方的晦涩趋于率直"[②]。

（二）D－N 模型 VS. S 模型

以 Austin、Searl、Grice 为代表的日常语言学派受反实在论精神的影响，随着西方 20 世纪哲学的语言学转向，逐渐接受了科学分析中反实在论语境化的模型，都采用了亨普尔（反实在论代表人物）的"演绎——规律"解释模型（即 Deductive—Nomalogical，"D－N"模型），这一模型的内容就是通过把事物或事件包摄于普遍规律或定律之中，从而来说明该事件或现象为什么会发生[③]，在上述章节中谈到的 Searl 和 Grice 关于言语交谈的规则都可以用 D－N 模型表述为言语现象（表现为言语取效行为 T）是在规定的先行条件（C）下，依据交际的普遍规律（R）来发生的，这一言语行为模型可以公式化为：

(C1,C2,…,Cn)&(R1,R2,…,Ln) ⟹ T

那么对于例（1）的理解我们可以完善为：

S(b)……X(exam)……A(a)……T(b not going with a)

C1,C2,…,Cn
R1,R2,…Rn

跟 D－N 模型不同的是，"言不尽意"采用的是混沌模型，在这里笔者用八卦中 S 来代

① 曹顺庆：《中国古代文论话语》，巴蜀书社，222－223 页。

② 曹顺庆：《中国古代文论话语》，巴蜀书社，第 235 页。

③ 郭贵春、贺天平：《现代西方语用哲学研究》，科学出版社，第 76 页。

表这一特殊的象征手法。

如果用“命题式”来定义会话含义的言语行为论,那么“言不尽意”则应该被称为“自由式”。每一次“意义”宿构的过程,都是“物象”与“象语”共同运动的过程,在“兴象”思维的宿构过程中,不能说象语跟随物象表达物象,还是物象跟随象语表现象语,两者始终都是若即若离,宿构八卦图中的任意一点都是语言表达与言说的集合,也即象与意的交融,他们或“立象以尽意”或“以言去言”来表达言说的意义。“言不尽意”的S模型强调兴象集物象与象语于一体,跟西方规则化的D-N模型完全不同,前者是动态,超越时间、空间界限的,而后者是静态,只能是对已经用言语表达出的“意”(包括显性和隐形)的共时分析。从S模型当中看不到表达者和理解者的区分,圆形图上每一个点都既是语言表达者也是理解者,任意一个表达者都是前一次言说(或叫物象与象语结合)的理解者,而任一次的理解者都是下一次言说的表达者,为其提供“先行领会的体认”,“体认”的非确定性带来了“言说”的“不尽意”性,也就是道家学派中经常提到的“道不可言”。每一词新的言说都包括了旧的象语和新的物象,并以“无言”的方式存在,或者以“气”的方式表现,因为运动使他始终不能象西方语言学家们提出的彰显个性或身份(identity),所以每一次言说的目的都是目的之外的目的,寻求的是阴阳共生的“集体融合”(“collectivity”)。

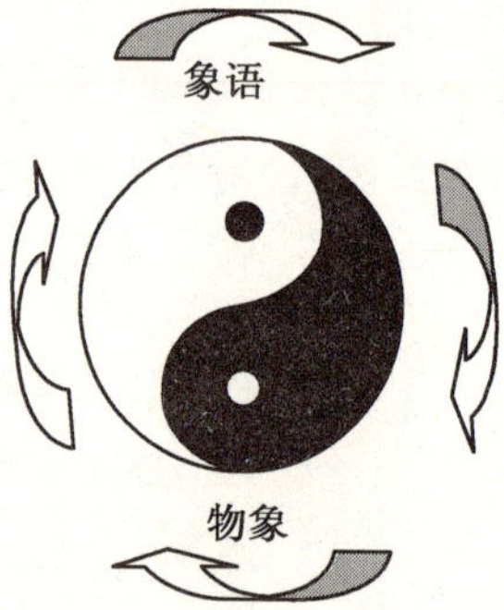

(三) 象式思维与概念思维

西方的“阳科学”的特点就是把事物进行归类,从一个点演绎出一个体系出来,具有很强的逻辑;它还讲究实证性,注意通过重复外部的实验来证明论点[①](辜正坤 2004: 243)。这种逻各斯主义带来的思维方式,我们将之称为“概念思维”,关于话语问题上的概念思维和象式思维的区别主要体现在以下几个方面:首先是西方话语重规则的约束性,不管是Searl从合适条件中提取出来的四条构成规则,还是合作原则关于语言的量、质、相关性等的规定,还是Brown和Levinson为解决面子问题提出的礼貌原则,以及关联论、幽默原则的提出运用,都是强调了人作为主体的主宰性。语言与人被简单撕裂为一分为二的对立世界,作为客体存在的话语始终只是被锁定在与主体相对立的立场,客体只是消极地等待主体去征服的对象,是一种僵死的材料,所以西方人惯用公式化的分解解剖语言,以对立性的思维表述和理解意义。当其被应用于英语等语言的分析时是可行的,然而一旦运

① 辜正坤:《互构语言文化学原理》,清华大学出版社,第243页。

用到中华话语中总是被冠以"相关"、"面子"、"礼貌"等西方概念，而这些概念又难以解释中国人惯用的"象语"，比如：

(5) 妈妈：你不能吃海鲜！
儿子：为什么不能？
妈妈：海鲜是发的。

对话中妈妈所说的"发"对于大多翻译者而言都会简单地译为"allergic"，而如果探其根源，这句话表达的含义绝不仅仅是过敏这么简单，因为它联系的是关于中医中"金、木、水、火、土"运行的规律，"过敏"只能是这句话表现出的结果，而说话者真实的意图中缠绕了她对"生、冷、寒、虚"的理解和意念的传承。所以说中国的"生冷"是不能简单以英语中的"cold"完全对应。当我们用语言、概念这些框限的活动时，我们已经开始失去了具体现象生成活动的接触。[①] 话语中意念的传承往往都是不可明说的"气"或者"道"，归根结底，中国人以"不可言尽"之"道"去体悟世界，"道可道，非常道；名可名，非常名"，中国的"道"是玄之又玄，存在于万事万物的"虚实相生"之中，是中华文化所特有的学术话语，又怎能简单以西方概念取而代之。

其次，西方概念思维强调非此即彼，是霸权性话语；而中国象式思维强调"以少言多"，是解放性、自由性的话语。曹顺庆(2001)认为，以少总多式的诗性智慧主要是通过"少"的兴象(包括物象和物语)包容深刻丰富的文化价值而得以体现[②]。物象指物理实体，而象语作为语言实体既包括人所"感触"的物象，也包括作为比象结果的"文化记忆"，或被称为"文化母体"，这又往往易被"阳科学"的追随者们封为"intertextuality"或"interdiscursivity"、"context"的东西，殊不知这两类是完全建立在不同的思维方式上。前者重"宿构"，是以少言多方式的过程，其中包含了丰富的文化内涵，作为文化母体称作"宿构"从发生学的角度，是因为"圣人有以见天下之绩，而拟诸其形容"，但这也只是"象其物宜"的结果，而建立该宿构的前提仍旧是"不可言说"的道，语言不可能表达所有的常理，而人类为了话语的交流，只能是通过相对的"象"来"感悟"、"体认"来构建或者理解这种"玄之又玄"的含意。西方的概念思维则总是力图通过分类和规划按一定秩序活动的语言符号来达到"非此即彼"的效果，换言之，道家对语言的质疑，是对语言与权力关系的重新考虑，他们要破解固定的"道"和种种不同的语言建构，好让被压抑、逐离、隔绝的自然体(天赋的本能本样)的其它记忆复苏，引向全面人性、整体生命的收复[③]，所以若即若离的"道"派话语是解放性的、主体自

---

① 叶维廉：《道家美学与西方文化》，北京大学出版社，第 96 页。

② 曹顺庆：《中国古代文论话语》，巴蜀书社，第 220 页。

③ 叶维廉：《道家美学与西方文化》，北京大学出版社，第 96 页。

由性的话语，而“非此即彼”的西方话语是霸权性话语，是限制了人类思维枷锁的约束性话语。这也是为什么中华话语中老庄强调“正言若反”、“以言去言”、“立象以尽意”，是“反之又反”的思维特质引领其“体悟”。这是类似“intertextuality”这种基于经验主义的西方概念所无法体现的中华文化根源。

第三，西方概念思维下的语言观以语言“实用论、工具论”为目标，强调言语的指导性，而中国象性思维以语言的“建构性、重构性”为目标，强调言语的文学性。正如笔者在前文中谈到的，东方文化中人们将语言作为一种维持人际关系和谐的手段来使用，而西方文化中人们凸显的是语言构建的个体价值。对于“言不尽意”的“意”我们只能采取“虚心涵咏”、“虚心静气，去除偏见”、“切己体察，着实受用”的方法来获得，而以西方的逻辑推导演绎而得的“conversational implicature”充其量也只能算是“义”而非“意”之所得。

四、结　语

“言不尽意”中的“意”不仅是“义”，也不仅局限于“含义”(implicatue)，更多地应该理解为“气”，体现的不仅仅是语言表达之外的“含意”，更是体现了中华文化话语的象性致思方式，以语言客体的主体性来审视世界，以“以少言多”的自由、解放性话语来建立人际关系的和谐，以中华话语所特有的“象语”来构建并反作用于客观现实世界。它和“会话含义(implicature)”表现出的语言现象都是相同的，而不同的是：一、两者建立的语言本质前提不同，前者认为语言不能完全表达意义，语言之外仍有不可言说之“道”，但也并非不能表达，言说者以正确的言说方式和理解方式可以消除语言的独立性，而“会话含义”是建立在语言本体论的基础上，认为“欲意皆可言表”，说话人想要表达的任何意义都是可以找到一个相应的语言表达时来表达；二、前者言说的目的在于目的之外的目的，即建立和维系人际的和谐，所以没有规则的限制，意图也不再彰显个性的身份，而后者强调约定俗成的规则，认为说话者都是在一定的条件下，运用指定的规则通过语言文字来表达听话人执行取效行为的意图。D-N模型下的言语行为的规约条件都是用来制约独立存在的行为方式，对于中国文化中特有的“无言”思维，西方言语行为有界性的理论原则是全然不足以解释中国话语中的“无言之道”的。

总而言之，区分中国象性思维和西方概念思维的致思方式，以中华文化话语的范式来研究本土语言，已经是当前刻不容缓的问题，否则代表中华文化的母体终将会为西方概念所吞没，也无法真正实现中西方的对立。

参考文献

[1] 曹顺庆(2001).《中国古代文论话语》. 成都：巴蜀书社.

[2] 狄兆俊(1992).《中英比较诗学》. 上海：上海外语教育出版社.

[3] 辜正坤(2004).《互构语言文化学原理》. 北京：清华大学出版社.

[4] 郭贵春 贺天平(2006).《现代西方语用哲学研究》. 北京：科学出版社.

[5] 何兆熊(2007).《新编语用学概要》. 上海：上海外语教育出版社.

[6] 罗常培(2004).《语言与文化》. 北京：北京出版社.

[7] 刘金文(2008). 言不尽意的语言学阐释.《现代汉语》第 5 期。

[8] 楼宇烈(1998). 欧阳建《言尽意论》正读.《人民政协报》,2 月 16 日第 3 版.

[9] 那薇(2004).《道家与海德格尔相互诠释》. 北京：商务印书馆版.

[10] 涂纪亮(1988).《英美语言哲学概论》. 北京：人民出版社版.

[11] 吴景荣、程镇球(2006).《汉英大字典》. 北京：商务印书馆版.

[12] 吴宗杰(2006). 中医语言西化的话语秩序分析.《医学与哲学》第 4 期.

[13] 叶维廉(2002).《道家美学与西方文化》. 北京：北京大学出版社版.

[14] Austin, J. L. (2002) *How to Do Things with Words*. Beijing: Foreign Language Teaching and Research Press.

[15] Searle, J. R. (2001) *Expression and Meaning: Studies in the Theory of Speech Acts*. Beijing: Foreign Language Teaching and Research Press.

[16] Sapir, E. (1921) *Language: An Introduction to the Study of Speech*. New York: Harcourt, Brace.

[17] Shi-xu (2005) *A Cultural Approach to Discourse*. New York: Palgrave Macmillan.

[18] Shi-xu (2007) *Discourse as Cultural Struggle*. H. K: Hong Kong University Press.

[19] Wodak, R. & M. Meyer (2001) *Methods of Critical Discourse Analysis*. London: Sage Publication.

"Yan Bu Jin Yi" and conversation implicature——Comparative Studies of CAD & CDA in meaning generation

YA Na
Zhejiang University

Abstract: CDS (cultural discourse studies) put forward by Shi-xu is aimed at dealing with social issues and helping to understand practical problems like political media discourse, strengthening cross-cultural communication between China and the western countries. CDA (critical discourse analysis), nevertheless, has dominated the whole field of discourse studies in China, which is rooted under a western value. A lot of Confusion and misunderstanding in academic terms have greatly given birth to conflicts and collision in applying western theories into local Chinese contexts. This paper tries to make such differentiation from the angle of meaning generation-"Yan Bu Jin Yi" and conversation implicational theories. Differences between these two will undoubtedly lead to great gap between CDS and CDA, in that western logic focuses more on restrictions and subjectivity while Chinese overall thinking mode of Xiang lies more in imagination.

Keywords: Dao; Chinese thinking of Xiang; Conceptual thought; Chinese discourse; Culture

作者简介

杨娜,讲师,博士生 毕业于南京师范大学外国语言学及应用语言学专业,现就读于浙江大学博士。研究方向为话语学,女性话语研究及社会语言学。曾在国内刊物上发表论文数篇。现同时担任杭州师范大学话语与文化研究中心秘书。

通讯地址:浙江省杭州市浙江大学紫金港校区东6—401

邮　　编:310000

邮　　箱:zjuyna@zju.edu.cn

基于语料库西方新闻语篇的文化批评性分析
——以西方报道中国建国60周年新闻为例

◎ 梅朝阳　于柏祥

国防科学技术大学

摘　要　本文以批评话语分析理论为基本框架，以语料库为分析工具，分析了《纽约时报》和BBC等西方媒体在中国六十周年国庆期间有关中国的新闻报道，再现了新闻媒体所传达的意识形态，并以此探讨不同新闻语篇背后的权力、意识形态的差异，剖析了西方国家对我国这一类后起的新兴国家的话语霸权和话语殖民，并说明了语篇与其产生的社会因素之间的关系。

关键词　语料库；批评话语分析；新闻语篇；中国60周年国庆

一、引　言

批评话语分析(Critical Discourse Analysis)从批评视角研究语篇兴起于20世纪80年代末，它关注社会现实中的不平等和不公正现象以及话语呈现权力和意识形态的方式。新闻语篇是批评话语分析最主要的分析对象之一。批评话语分析研究语言使用时所再现的观点和看法，主要关注语言、权力和意识形态之间的关系。意识形态是社会关系不平等、不公正的集中表现，批评话语分析致力于发现并改进这种不平等、不公正的社会现象。

2009年10月1日是中华人民共和国成立60周年纪念日，举国欢腾，举行了诸如国庆大阅兵、烟火晚会等一系列的大型欢庆活动。经过六十年的发展，我国的政治、经济、文化等各方面都取得了显著的进步。各项建设取得了一系列成果：开放而充满自信的文化、可持续发展的经济、国际国内共享发展成果的社会机制，多元而和谐的民族关系和思想、艺术，稳步发展的民主与法制精神，再加上成功举办了一系列诸如奥运会、世博会的国际盛会。中国在世界民族之林中进一步找准了自己的位置，扩大了国际影响，也在国际事务中取得更多的发言权。可是，面对中国社会主义的迅速发展，其他国家，特别是西方发达国家，似乎并不是那么乐观。他们开始担忧中国的发展会否危及到他们的利益。

本文在批评话语分析理论的总体框架下，通过同时运用定量分析和定性分析的方法，对纽约时报和英国广播公司上刊登的11篇有关中国60周年国庆阅兵的新闻报道进行研究,借助语料库工具,通过关键词分析、高频词生成和中心词检索,旨在对有关中国60周年国庆庆典报道的国外新闻资源进行诠释,揭示其中蕴含的文化霸权。

二、理论背景

(一)批评话语分析

语言是为达到自我目的被加以利用的工具,正如谚语"一言可以兴邦","一言可以丧邦"。批评话语分析是一种社会评论形式。它认为语言是社会实践的一种形式,从语境立场加以分析[①],鼓励真实反映社会、文化过程及其与语言的关系,因为批评话语分析理论假定这种关系是辩证的或双向的。也就是说,语言使用的不平等能再现文化的不平等,反之亦然。语言的社会性决定了意识形态的社会性,因而分析者不可避免地会去讨论他们所研究的现象,并在分析过程中使他们的政治立场逐渐清晰化。通过分析语言,批评话语分析研究文本中的问题,特别是关于弱势群体的问题。Paul Chilton[②], Norman Fairclough[③], Teun van Dijk[④] 和 Ruth Wodak[⑤] 对这一领域中的不同问题做了深入的研究。

批评话语分析的主要研究对象是新闻等非文学文本[⑥],新闻报道的原则是要客观真实地向读者展现事件的前因后果,然而绝对客观公正的报道是不存在的。报道者会根据自己的理解、读者的期待、所属新闻机构或当地政府的立场等来决定报道的具体内容。由于语言过程背后隐藏的意识形态意义具有重要的社会功能,批评话语分析通过分析语篇的语言特点和它们生成的社会历史背景来考察语言结构背后的意识形态意义,揭示文本中隐含的意识形态意义和权力关系以及语言对社会过程的介入作用,并进而揭示语言、权利和意识形态之间复杂的关系。批评话语分析的最终目的不仅仅是科研,更重要的是改变这种社会与政治的不平等与不公正。[⑦]

---

① Page, R.: *Literary and Linguistic Approaches to Feminist Narratology*, Palgrave Macmillan.

② Chilton, P.: *Analysing Political Discourse*, Routledge.

③ Fairclough, N.: *Language and Power*, 2nd, Longman.

④ Van Dijk, T.: Principles of Critical Discourse Analysis, Discourse & Society 4(2): 249-83.

⑤ Wodak, R., de Cillia, R., Reisigl, M. and Liebhart, K., *The Discursive Construction of National Identity*, Edinburgh University Press.

⑥ 刘晓艳:《从批评话语分析看奥巴马鞠躬门两篇新闻报道》,《长春理工大学学报(社会科学版)》,23(6): 83-84页。

⑦ 辛斌:《批评语言学: 理论与应用》,上海外语教育出版社。

(二) 文化话语研究

尽管因特网与各种传媒将世界描述成一个地球村，但是根植于殖民历史的支配统治思想仍然随处可见，在现实世界中表现为“意识形态的冲突”。亚非拉文化内部本身就存在着政治、经济、贸易、社会、教育、宗教等其他方面的差异与不平衡，而独霸世界舞台的西方学术话语时常误解、歪曲、歧视这些国家的话语，忽视文化的复杂性和多样性，把爱国主义的表现误读成狂热的民族主义，把社会宣传曲解成政治欺骗等等[①]。这种话语霸权并不会给我们带来任何意义上的革新、文化交融或者是民族团结，相反，这种单向度的说教、排他性的诠释和扩张性的思想意识形态将使东方国家的学者、学生失去文化的身份和话语权。学术霸权也会使文化间的对话、批评、交汇的机会大大减少；而文化上的独裁，对异性文化歧视性的描述、解释和判断，还会加深东西方之间的误解与偏见。

Fairclough[②] 认为争夺对话语的控制是社会冲突的一种表现形式，因而话语不仅是战场，而且是竞争的战利品。媒体通过东拉西扯等惯用手段将主导意识形态散播开来并加以强化，从而大众媒体在权力关系的建构与维护上起到至关重要的作用。施旭认为，在西方的功能语言学中，语言是说话者用以达到自我目的的工具，说话者最重要的目的之一就是说服或控制他人。在这一模式下，部分是由于受根深蒂固语言中心主义的影响，话语者以自我为中心，而语言活动只是说者规劝听者的行为。

(三) 基于语料库的研究方法

语料库方法是以真实的语言样本为研究对象，利用计算机工具和概率统计方法，从宏观的角度对海量语言事实进行分析的现代化的语言研究手段。[③] 这种方法更新了语言研究的思路和方法，构建了一种新的语言分析模式，体现了一种新的语言哲学观念。

在语料库语言学成为主流之前，批评话语分析只能研究某一时期单一文本。[④] 网络上大量新闻文本的电子化，使得语料库能便捷地显示出，在一段时间内，新闻文本如何被反复使用构建它们所报道的事件，这是批评话语分析的一大进步。当然，通过运用语料库，批评话语分析者通过结合定性分析与定量分析，能对传播的一类文化或意识形态意义加以研究，进而再现给读者。越来越多的批评话语分析者在研究媒体语篇时运用语料库。

---

① 施旭：《文化话语研究》，北京大学出版社。

② Fairclough, N., *Language and Power*, 2nd, Longman.

③ 周杰：《中外报纸新闻标题语言及文化特点分析》，见《贵州社会科学》，226(10)：133-136 页。

④ O'Halloran, K.: *How to use corpus linguistics in the study of media discourse in The Routledge Handbook of Corpus Linguistics* Edited by Anne O'Keeffe and Michael McCarthy, Routledge.

语料库语言学的发展也为批评话语分析提供了有力的理论和技术支持。它以真实的语言数据为研究对象,从宏观角度对大量语言事实进行分析,以寻找语言应用的规律;在语言分析方面采用概率法,以实际使用中语言现象的出现概率为依据建立或然语法进行话语分析,提升了分析结论的置信度,有效弥补了以往批评话语分析主观性偏重和代表性不足的缺陷。①

三、研究方法

本文所研究的语料为BBC与《纽约时报》等西方主流媒体于中国国庆六十周年期间刊载的一系列新闻。文本均来自各大媒体官方网站(http://news.bbc.co.uk/2/hi/asia-pacific,http://www.nytimes.com,http://www.cnn.com)。我们将收集到的2009年10月1日前后的11篇新闻文本建成一个临时的新闻语篇语料库,共计9 788词。这些新闻语料都是在实际新闻报道中使用的地道、生动的语言,具有较强的代表性。

对语言项目分布进行定量统计、量化分析是主要的语料库分析方法。本文通过关键词分析、高频词生成和中心词检索,再现新闻报道中所传达的意识形态、所展示的权势关系。对主题词、检索词和单词列表的检索及统计使用的是由牛津大学出版社出版,英国利物浦大学Mike Scott教授设计的语料库软件WordSmith 4.0。在关键词的检索和统计上我们参照了英国的BNC语料库。

四、数据分析

一种语言的使用绝不只是纯粹客观地向听者或读者传递消息。每一次的语言运用都"不可避免地会成为行使、再生或者颠覆权力的工具"②。描述、分析与理论形成在更好地理解和批判基于性别、种族、阶层、宗教、语言等标准的社会不平等现象。新闻报道从来就不是其所标榜的绝对客观公正,在西方发达的资本主义社会,它受各种政治集团和权力集团的利益驱动。许多新闻语篇看似客观公正,实则含而不露地表达各种意识形态意义,对读者产生了潜移默化的影响。

---

① 李慧、李经伟:《基于语料库政治演讲语篇的批评性分析》,《武陵学刊》,35(3):119-123页。

② 任欢欢、李长忠:《对中美关于奥巴马会见达赖喇嘛报道的批评性话语分析》,《湖北广播电视大学学报》,31(1):83-84页。

(一) 基于关键词表对新闻文本主旨内容的指向性研究

在研究新闻报道的主旨内容及其指向性方面，笔者选用BNC语料库中的新闻语篇部分作为参照语料库对我们的临时国庆新闻报道文本语料库的前20个关键词进行检索。在由参照语料库的关键词检索而得出的两个关键词表中，处于前20位的关键词是：中国(China)，is，中国的(Chinese)，北京(Beijing)，共产主义(Communist)，阅兵游行(parade)，盛会(party)，台湾(Taiwan)，毛泽东(Mao)，军队(military)，胡锦涛(Hu)，庆祝(celebrations)，纪念(anniversary)，鸽子(pigeons)，移民(immigration)，权力(power)，战争(war)，意识形态(ideology)，士兵(soldiers)，历史(history)，都具有显著的主题性(P值=0.000001，这20个主题词的P值均小于临界值)。其中，文化关键词China和Chinese的主题性高达596.67和316.17，is的主题性为566.63，Communist的主题性为237.17。从上述关键词可以看出，这些报道旨在向他们的读者"如实"报导中国的这一次盛大的庆典。同时，由于意识形态的差异，他们会不自觉地倾向敌对共产主义的一方，维护自己社会的权力与意识形态。认知语言学认为，词语唤起人们大脑中相关概念的认知框架，词语形式是大脑中业已存在的这些框架的索引，因而词语出现时，人们就会援引大脑中相关概念的认知框架来理解和解释其意义。[①] 由此可见这一系列新闻报道的主旨内容和目标性非常明确，提醒读者警惕中国的发展，是一种"中国威胁论"的变体。

同时，语法词is的使用在关键词表中非常明显。新闻报道中高频率使用is，在文本中高达178，占0.76%，在生成关键词表中位居第二。这也与新闻报道常用手段相吻合。现在时的使用并不一定表示的是时间，还可以表示普遍性真理、始终存在的状态、习惯性或连续性的行为和过程。这些新闻中大量使用现在时旨在告诉读者，他们所报道的都是客观存在的，是对当时中国各方面的客观而真实的报道。

最后，新闻报导标榜反映现实世界，但是新闻机构或记者的观点总会以公开或隐蔽的方式渗透进来。报道什么，如何报道，往往都受到报道者的操纵。在西方社会中，"爱国"和"爱国主义"往往被看作是"狭隘的民族主义"、"国族主义"、"反西方"的同义词，而中国始终把热爱祖国、捍卫国家主权作为当代话语的重要主题之一，崇尚爱国主义。然而，外国部分媒体却对这一切视若无睹，把举国欢庆的盛典描述成是对执政党的歌功颂德。对毛泽东、中国内战及海峡两岸敏感问题的历史回顾式报道，是与大陆的庆典气氛不和谐的，也是与我国当前的"和谐社会"发展所大相径庭的。大陆的庆祝胜利建国与台湾的哀伤失败形成鲜明的对比，旨在突出我国的一些不和谐因素，无形中给大陆的庆典抹上一层阴影。

---

① 段新颖：《论我军形象传播中的若干语言问题》，《2010年全军外宣理论研讨会论文集》，解放军出版社，第89-94页。

(二) 对高频词检索情况的分析

1. 转述——以"say"为例

新闻报道为了彰显其客观性、公正性与事实性,常常大量引用被报道人和其周围人的话语。转述动词构成转述引语最直接的语境,具有预示和支配其意义的功能。英语中性词"say"是最常用的转述动词。以下引用的是"say"的部分索引行。

(1) But skeptics say the party leadership is so riven by factions that prospects for a fresh wave of radical reforms are poor.

(2) Historians and sociologists say that socialist ideology once was a bedrock of Chinese patriotism and support of the government.

(3) Deng "reformed the economy but didn't reform politics," Mr. Zhou said.

(4) The military journal People's Liberation Army News said in February that the parade "is a comprehensive display of the party's ability to rule." And the theme of this parade, emphasized in weeks of newspaper articles and television broadcasts, is that the Communist Party has "made China strong, increasingly prosperous and respected in the world" and that it is in firm control.

(5) "This was a historical tragedy-Chinese people fighting Chinese people. So many lives were lost, so many families ruined. It's the biggest shame of Chinese people," said Huang Shih－chung, an 84－year－old retired general who fought in the war against the Communists for the Nationalist side.

(6) "It can be done, but I'm somewhat doubtful that the Communist Party is willing to give up that kind of authority," said Jonathan Fenby, director of China research at Trusted Sources, an emerging－market consulting firm based in London.

(7) Some 30,000 people were invited to watch the events, but others were encouraged to stay at home and watch the festivities on TV to "avoid complications".

大众传媒的宗旨之一是追求真实性。由于直接引语和间接引语一般出自当事人、知情者或权威人士之口,对听众/读者具有很强的说服力,因此,它们的使用能有效增强语篇的"客观性"与权威性。然而,新闻报道有很强的选择性,报道什么,怎样报道,往往都受到报道者的操纵。媒体通过一整套人为的选择标准,筛选出他们认可的直接引语,常常借此表达自己的立场观点、交际意图。借他人之口说话成为新闻报道者表达自己立场的惯用手法。新闻记者和编辑往往把来自各种渠道语篇中的某些话语原封不动地拿来,糅合在一起形成一个新的语篇。

为增添真实感，显示报道的客观性，报道者通常借“第三方”言语来论证自己观点，而所谓的来自各种渠道或信息来源的“第三方”言语并不中立客观，如(2)和(6)中，引用中国问题研究学者的观点能有效增强语篇的说服力。而权威学者对中国共产党长期以来领导中国建设取得的成就视而不见，却大肆渲染中国共产党的权力集中。西方文化崇尚自我，以自我为中心的话语大行其道[①]，因而，部分西方媒体也用西方的标准来看待我国的民主集中等政治制度，把西式民主强加于我们。在(1)与(7)中，由于想要说明的事情敏感度较高，引用者故意将消息来源模糊化。从中，我们可以看出，(1)和(7)中均使用了较为激进的词，如 poor，avoid。以美国和西方为主的国际传媒往往将亚非拉文化描绘成“落后、腐败、独裁”的形象，使其成为西方世界的“现代、正义、民主、自由”的自我形象的反面。这同时也能说明，他们的消息来源并非是客观事实，进行模糊化处理同时也能更好地将责任模糊化。(3)与(5)都是引用的事件参与者的言语，而这些引语都是与中国 60 周年国庆的主旋律不相符的。这里，引用者别有用心地渲染中国改革的不足之处，对当年国民党发动的内战事实只字不提，却站在国民党的立场，对战争失败所带来的伤痛大加渲染，给读者营造出“大陆的快乐是建立在台湾的痛苦、伤心之上”的联想。在(4)中，记者特意引用了中国权威媒体的报道，对“rule”“control”的使用，对党的统治的强调，实则暗讽中国政治制度的不民主，将中国的强大与欣欣向荣仅仅归结于党。部分新闻媒体把中国的媒体话语与其历史和国际文化环境隔绝起来，错误地认为中国的媒体只是受共产党政治意识形态的操纵，有意识地为自己构建正面的形象以此来巩固自己的政权。[②]

2. 转换——被动化

语篇对过程类型的选择一般会受到体裁和主题内容的影响，但是，即使同一类型的语篇，对某一事件的描述也可能采用不同的过程组合，这通常取决于说话者的交际意图和他对事件的理解和看法。

被动化是新闻语篇中追求客观的另外一种主要手段。使用被动语态的目的主要是为了强调行为的施事或是行为的接受者，因此在新闻报道中经常能看到被动句。然而，在新闻报道中，使用被动语态不仅仅是一种行业的习惯，同时也是左右读者判断的一种极为有效的方法。通过被动句的使用，报道者把自身的观点加诸其中，从而达到新闻报道的真正目的。如索引行所示：

(1) They will be grouped partly according to height, with no variation of more than six centimeters, or about two and a half inches.

① 施旭：《文化话语研究》，北京大学出版社。

② 施旭：《文化话语研究》，北京大学出版社。

(2) The city's pigeon fanciers, whose flocks can often be seen flying over the capital, are one of the first casualties of this campaign.

(3) While history is often written by the victors, the Communist Party has never been shy about shaping the past to serve its central narrative.

(4) National Day is an annual highlight for the Chinese government, but extra effort has been made to mark the 60th anniversary.

(5) Compound residents have been told not to invite friends or "other persons" to their homes on the day.

在除(3)以外的其他索引行中,我们可以看到,事件的施事者都被省去,但是在省去施事者的同时,以上各行也凸显了事件的受事者。受事者似乎都是社会的弱小群体,如(1)句中的士兵,(4)中辛勤的劳动者,(5)中无辜的居民,甚至连(2)中的鸽子。整个盛会原本应该是举国欢庆的,通过这样一些突显,盛会似乎被描绘成了为中国共产党歌功颂德的庆典。从(3)中,我们明显地可以体会到媒体对中国共产党的丑化。正如福勒提出的"同中心主义",即偏爱同类,如类似于自己的国家、社会和个人;排斥歧视异类,把他们视为对自己的威胁,西方国家与我国在意识形态领域存在较大的差异,因此,媒体在宣传报道我国这样一个重大的盛会时,不可能如实报道我国各方面的成果,而是着重突出含而不露的意识形态意义,尤其是那些人们习以为常的偏见、歧视和对事实的歪曲,企图影响读者、听众对我国的看法、观点,塑造对一个社会的态度、意义和意识形态。

通过分析,我们发现国外媒体在报道我国庆典时,有明显的丑化倾向。什么事件被当作新闻来报道并不取决于事件本身内在的重要性。一部分国际传媒往往将亚非拉文化描绘成"落后、腐败、独裁"的形象,使其成为西方世界的"进步、正义、民主"的自我形象的对立面。经过一整套人为的加工,国外记者选择报道阅兵游行中的安保政策,国民党高级将领的回忆,这些虽不是对天安门庆典的直接报道,却收到了"此处无声胜有声"的效果。

(三)对新闻标题的倾向性分析

冷战结束后,经历苏联解体、东欧剧变,美国成为世界上唯一的超级大国,社会/共产主义运动遭受严重挫折,中国作为现存的最大社会主义国家,在内外交困的时代背景下,各方面发展遇到一系列来自以美国为首的西方资本主义世界的阻扰。以美为首的西方国家,操纵强势话语,界定世界的事物和秩序,致使国际大众传媒结构基本上成为了西方特别是美国所垄断的霸权系统,变成了后殖民主义的实施工具。下面是西方主流媒体于中国国庆六十周年期间刊载的一系列新闻报道的具体细节:

表1 西方部分媒体对中国六十周年国庆的新闻报道

序号	标题	刊物名	发表日期
1	A Spirit of Enduring Optimism	*New York Times*	September 29, 2009
2	China Celebrates 60 Years of Communist Rule	*New York Times*	October 1, 2009
3	No Detail Overlooked as China Prepares Celebration	*New York Times*	September 28, 2009
4	On Day for China Pride, Little Interest in Ideology	*New York Times*	September 30, 2009
5	Immigration Stories at the Museum of Chinese in America	*New York Times*	September 29, 2009
6	China Is Wordless on Traumas of Communists' Rise	*New York Times*	October 1, 2009
7	China celebrations recall another era	*BBC News*	October 1, 2009
8	Communist China marks 60th year	*BBC News*	September 28, 2009
9	Security tight for Chinese parade	*BBC News*	September 21, 2009
10	Taiwan's view on China anniversary	*BBC News*	September 29, 2009
11	China 60 years on: From Mao to today	*CNN*	October 2, 2009

从以上新闻标题中，我们可以发现，这些媒体主要从中国60周年国庆的安保措施(3、9)、历史回顾(1、4、5、6、10)以及共产党60年来的“统治”(2、7、8、11)三方面来对整个庆典事件加以描绘，极少有对国庆庆典的盛况、人民骄傲自豪的情绪等方面的正面报道。它们用了大量笔墨刻画共产党的“统治”，这样一来，整个盛会似乎成了共产党“统治”的对外展示，成了为某一个政党所举行的欢庆会，完全忽视对于中国内战的性质、特定历史条件下国共两党的动机。媒体大肆渲染内战给国民党官兵所造成的长期心理创伤，并花了大量篇幅报道与主旋律不相符的回顾式新闻。表中标有下划线的词语表明，西方媒体把中国的六十周年庆典曲解成是一场共产党的盛宴，混淆中国国庆60周年庆典的性质，这无疑会加深读者对中国社会主义制度的警惕，是中国威胁论在媒体话语中的一种体现。图1是语料库中communist的索引行，从索引行中，我们发现communist的搭配词主要有party(政党)，rule(统治)，kitsch(矫揉造作)，leader(领导人)，authorities(当局)。除了kitsch(矫揉造作)十分明显是个贬义词，其他词基本都是中性词，这也与新闻媒体通常所力求保持的客观中立立场相符。然而，仔细观察索引行就会发现与communist(共产党)搭配的这些词都包含有贬义的隐性意义，从而在这些话语中，共产党就被刻画成一个统治着中国的政党，其政党领导人就成了国家的决策者。

	Concordance
1	the complicated legacy of the Communist Party, which will celebrate
2	Like China¡¯s leaders, Mr. Zhou divides Communist rule into two periods: the first
3	told me at those meetings that the Communist Party was a democratic
4	the previous month ¡ª straddled the communist-capitalist divide. Mr. Zhou
5	1949, the ¡°common people trusted the Communist Party,¡± he said. Looking
6	China Celebrates 60 Years of Communist Rule By MICHAEL WINES
7	it was a fitting analogy for how China¡¯s Communist Party leaders wanted their
8	particularly at the 75-million-member Communist Party, which not only runs
9	and television broadcasts, is that the Communist Party has made China
10	Square in celebration of 60 years of a communist China. Above the Gate of
11	Armed Police Force, the guarantors of Communist rule, for safeguarding
12	largest standing army put on a show. Communist kitsch The Second Artillery
13	China's successes. This was pure communist kitsch, but the hand-picked
14	harmony struck a false note. The Communist Party of China (CCP) is
15	pauses for the lives lost during the Communist Party¯s rise to power ¡ª not
16	that littered the streets. By the time Communist troops took over the city,
17	is often written by the victors, the Communist Party has never been shy
18	memoir of Zhao Ziyang, the deposed Communist Party leader who spent 15
19	celebrations to mark 60 years since the Communist Party came to power. The
20	60th anniversary. Portraits of China's Communist leaders were paraded
21	floats. Giant portraits of all China's communist leaders were paraded
22	Square to commemorate 60 years of Communist Party rule, his heart will skip
23	the laboring masses.¡± China¡¯s ruling Communist Party is throwing itself a
24	is that Mao was right and that the Communist Party is carrying all China to
25	patriotic celebration, at least a few Communist leaders must be wondering
26	is because of the C.C.P.,¡± the Chinese Communist Party. ¡°History has proved
27	up to celebrations to mark 60 years of communist rule. People who live in
28	is the place most directly affected by Communist China's founding on 1
29	to the island after its defeat by Communist troops. About two million
30	mail the letter from overseas, but the Communist authorities discovered it had

图 1 “共产主义”(communist)的索引行

媒体似乎故意隐去整个庆典的历史意义，略去对庆典的背景知识的报道与描述，对不了解中国国庆的外国读者而言，这样做可能会影响他们对中国社会主义的认识，甚至可能会左右读者的行动。西方资本主义世界对社会主义从未放松警惕，也从未真正认识领会社会主义的本质，把社会主义制度下的各种行为狭隘地解释为意识形态的操纵。媒体忽视我国庆典的意义，刻意强调内战的后果——给人们造成的心理创伤，作为正义一方的共产党虽然取得胜利，但这里的胜利却是伴随着不良后果，于无声处又给庆祝活动抹上了一层阴霾，削弱我国的国际形象。西方媒体也大多没有考虑到中国广阔而深厚的历史文化内涵以及东方文化的特殊性，隐藏着维护资本主义社会原有秩序等其他动机，表现出一种操控他者文化的行为，甚至是一种通过政治的、高压的、系统的手段所实施的文化霸权。

五、结　论

本研究利用语料库语言学在语言分析方面的方法，结合批评话语分析理论，阐释了国外媒体对中国60周年国庆阅兵等庆祝活动报道的产生过程，剖析了西方国家对我国这一类后起的新兴国家的话语霸权和话语殖民，并说明了语篇与其产生的社会因素之间的关系。

本研究将语料库的方法应用到批评话语分析中，在理论与方法层面给批评话语研究打开了一扇新的视野，但是其中也存在着一些不足之处。首先，由于研究只搜集了《纽约时报》、英国广播公司和美国国家广播公司的相关新闻，语料相对较少，可能无法很好地代表其他主流媒体的观点与立场。其次，在研究中，我们也发现英国与美国的部分主流媒体在看待中国国庆60周年庆典时，虽然主流观点立场一致，但是在一些细节问题上他们之间还是存在一些差别的，甚至在关注的侧重点上也有较大的差异。这些是我们可以在以后的批评话语研究中进一步细致探讨的。再次，由于批评话语分析所涉及的面比较宽，此研究只讨论了相关语料的一些典型的突出特征，对其他一些相关问题只是略加提及，因而这些问题可以在未来的研究中重点探讨。最后，在话语分析中，研究者必须注意意义存在的具体语境，但在此研究中，我们偏重把注意力放到了可观察得到的语言形式上，较少关注语境。本研究主要是运用批评话语分析和语料库语言学领域内的一些理论对国外新闻语篇进行的分析，在以后的研究中，还可以借助系统功能语言学、认知语言学等领域的相关理论来发掘语篇中所蕴含的意识形态及文化等方面的意义。

新闻是通过语言这种符号系统来表述世界的，因而它不可避免地会把所表述的内容置于某种信念或价值观框架之内。本文说明了读者可以通过在阅读过程中运用批评话语分析来抵制作者所施加的影响，并且能在这个过程中获得主动的地位。另外，读者还能通过使用恰当的语言形式，在面对复杂的情况以及众多令人困惑的媒体时，仍然保持强烈的政治敏感性。值得一提的是，在研究中我们发现，尽管新闻报道貌似提供了对现实社会的一个相对客观公正地报道，语篇中不被言明的隐藏在语言表达背后的预设、信念和价值观体现不同的意义潜势、代表着不同人或群体(通常是有权者)的利益和意识形态。西方新闻报道并不像其表面上标榜的客观公正报道，享有绝对的言论和新闻自由，而是想力求影响读者对所报道事件的原有设想和信任。

本研究也进一步论证了将语料库语言学的定量分析方法纳入批评话语分析的积极性与可行性。结合语料库进行的批评话语分析，从宏观和微观两个方面再现语篇的全貌，从某种意义上讲，它也确实为话语研究开辟了新的途径，提供了全新的思路。

致谢：感谢施旭教授在稿件修改期间提出的诸多宝贵意见，其文化话语研究为本研究提供了一个崭新的视角。感谢任维雅同学在论文写作期间的一些建议，对论文的写作帮助甚大。

参考文献

[1] 段新颖(2011). 论我军形象传播中的若干语言问题.《2010年全军外宣理论研讨会论文集》. 北京：解放军出版社：89 - 94.

[2] 刘晓艳(2010). 从批评话语分析看奥巴马鞠躬门两篇新闻报道.《长春理工大学学报(社会科学版)》,23(6)：83 - 84.

[3] 李慧、李经伟(2010). 基于语料库政治演讲语篇的批评性分析.《武陵学刊》, 35(3)：119 - 123.

[4] 任欢欢、李长忠(2011). 对中美关于奥巴马会见达赖喇嘛报道的批评性话语分析.《湖北广播电视大学学报》,31(1)：83 - 84.

[5] 施旭(2010).《文化话语研究》. 北京：北京大学出版社.

[6] 辛斌(2005).《批评语言学：理论与应用》. 上海：上海外语教育出版社.

[7] 周杰(2008). 中外报纸新闻标题语言及文化特点分析.《贵州社会科学》,226(10)：133 - 136.

[8] Chilton, P. (2004) *Analysing Political Discourse*. London: Routledge.

[9] Fairclough, N. (2001) *Language and Power*, 2nd. London: Longman.

[10] Page, R. (2006) *Literary and Linguistic Approaches to Feminist Narratology*. Houndmills: Palgrave Macmillan.

[11] Hakam, J. (2009) *The cartoons controversy': a Critical Discourse Analysis of English-language Arab newspaper discourse Discourse Society*, 20(1): 33 - 57.

[12] O'Halloran, K. (2010) *How to use corpus linguistics in the study of media discourse in The Routledge Handbook of Corpus Linguistics* Edited by Anne O'Keeffe and Michael McCarthy, London & New York: Routledge.

[13] Van Dijk, T. (1993) *Principles of Critical Discourse Analysis. Discourse & Society* 4(2): 249 - 83.

[14] Wodak, R., de Cillia, R., Reisigl, M. and Liebhart, K. (1999) *The Discursive Construction of National Identity*. Edinburgh: Edinburgh University Press.

Critical Discourse Analysis of News Reports Based on Corpus: A Case Study of Western News about PRC's 60th Anniversary

MEI Zhaoyang YU Baixiang

National University of Defense Technology

Abstract: By analyzing some foreign news agencies' reporting about the 60th anniversary of People's Republic of China, such as New York Times and British Broadcasting Company, based on corpus under the framework of Critical Discourse Analysis, and combining the theory of critical discourse analysis and corpus linguistics, we find that different discourse strategies embody different social power identity and different social ideology, and that discourse colonization and discourse hegemony do somewhat exist in the so-called objective news reports. Based on this new approach of language analysis, the ideology conveyed by the reporters, the relations between language and power, and the constructing process of language and social identity have reappeared through analysis of keywords, and concordance analysis of high frequency words.

Keywords: Corpus; Critical Discourse Analysis; News; PRC's 60th anniversary

作者简介

梅朝阳，硕士研究生，女，国防科学技术大学人文与社会科学学院外语系，研究方向：语料库语言学、外语教育。

通讯地址：国防科学技术大学一号院八院五队

邮　　编：410073

邮　　箱：meizhaoyangxu1031@126.com

作者简介

于柏祥，教授，男，硕士生导师，博士，国防科学技术大学人文与社会科学学院外语系，研究方向：语料库语言学、语用学、语义学、外语教育。

通讯地址：国防科技大学外语系

邮　　编：410073

邮　　箱：linguisticmaster@126.com

关于香港青少年隐语嬗变的调查和思考

◎杨　军

香港理工大学

摘　要　香港青少年是否构成言语社团？如果答案是肯定的，这一言语社团具有哪些话语特征？研究这些特征的意义何在？这些都是本文所关心的。青少年是最具语言创造力的群体，他们的话语前卫而多变，既"新"且"奇"。本文着重探论近年香港青少年隐语的变化，对其话语的特点和成因进行分析。本文主要采用问卷调查和定量分析为主的方法，从话语特征入手，发掘语义和话语动机。探究言语社团所具有的语词规则、频繁联系和共同的语言态度。

关键词　言语社团；青少年隐语；语词嬗变；成因

一、引　言

言语分析兴起之初，语言学和语用学是起支撑作用的两根有力的支柱。随着语篇分析理论的不断发展和丰富，其触觉已逐渐深入到社会语言学、心理学、文化学等多个学科和领域。这几年来，我对香港地区青少年流行隐语的变化，进行了观察和调查，其间偶有心得写成这篇文章。其目的在于介绍调查所得，通过青少年隐语的变化，特别是词汇的嬗变，反观说话者的言语特点和社会特征。本文的立论基础是约翰·甘柏兹(John Gumperz)等人的言语小区理论。其要义是：任一人类聚集体，都带有共同的语词符号形成的规则和频繁的相互影响方面的特点，并且，通过应用上的重要区别，与类似聚合体分离开来。每个语言社团具有不同的语言态度。在数据的收集和加工处理方面，本文从词汇的转换、替代和萌生入手，结合说话者的社会属性和心理特征，探讨香港地区青少年隐语形成和变化的原因。据初步调查所得，从词语共同性；经常的接触影响；相同语言态度三方面来看，青少年隐语真实的属于一个特定的言语社团，且不是一个自足的语言系统，其词汇的演变一方面与社会生活息息相关；一方面与共同语密不可分。青少年隐语是反映这一特殊的言语社团社会心理的一面镜子。

二、约翰甘柏兹等学者的言语小区理论

语言是思想的现实,是社会交际的重要交际工具之一。社会在螺旋式发展,语言诸要素也或快或慢地发生变化,作为语言建筑材料的词汇,也随着社会政治、经济、文化的不断演进而变化。部分词汇此消彼长,部分词汇生长出新意,替代了某些词汇在语言意义网络中的位置。这种现象既反映在共同语中,也反映在语言社团的言语变体中,语言学家把语言变体定义为,带有类似分布的语言学项目,其中包括词汇项目。长期以来,对言语社团的划分准则不一,界限模糊,青少年社团是不是独立的言语小区?如果不算,如何解释这个群体中的词汇变异和认同现象?一语言学项目如果算语言在青少年小区的变体,它的共性和个性在哪里?在此,我们将具体探讨。先让我们比较一下语言学家们对言语社团的界定和相关论述。

(一)约翰·莱昂斯的简明定义

"言语小区就是使用某一特定语言(或方言)的全体人员。"按照这一定义,划分语言小区的尺度只能是语言和其地域变体——方言,而无需具备任何社会和文化心理上的特殊标准,这无疑是一种粗线条的划分标准。

(二)查理·霍凯特(Charles Hokett,1958:8)

一种语言构成了一个言语小区,彼此直接或间接使用共同语言进行交流的全体人员,就是一个言语小区。这一定义的特点是,把交流作为界定言语小区的标准提了出来。他认为即使说同一种语言,而根本没有语言接触和交流的,也不算一个言语小区。换言之,他认为交际是构成言语小区的必要条件。

(三)甘柏兹的定义

在言语小区的成员和局外人之间,理应存在若干特殊的语言学差异(1968)。任何一个语言聚集体,它带有通过共同的语词符号达成的规则,和频繁的相互影响的特点,并且通过语言应用上的重要区别,与类似聚合体分离开来。和查理霍凯特(Charles Hockett)的观点不同的是,这一定义并不强调每一言语小区只应有一种语言,约翰·甘柏兹更强调遵循共同的语词符号达成的规则和语言接触的影响。

(四)威廉·拉波夫(Willian Labov 1972a:120)

他把界定言语小区的重点放在共同的言语态度上,言语小区不是通过言语因素使用过程的任何一致性,这就好比不是通过对一组共有准则的参与加以界定的。这些准则可以在评价性行为的外显类型之中观察到。

比较以上各种观点，笔者认为甘柏兹和拉波夫的定义更为具体，言语小区的界定主要看三个方面：一是共同的语词符号所形成的规则；二是频繁的语言接触和影响；三是小区成员的共同的语言态度。笔者假设香港青少年隐语现象符合上述前提条件，该社群是一个独特的言语小区。

三、调查和收集语料的方法

现代语言学的创始人拉波夫，60 年代在纽约市的调查，为语言工作者提供了成功的示范。同时，也奠定了现代语言学调查研究方法的基础。用直接观察记录语言变异项的研究方法，被后人称为“经典拉波夫研究法”。他对社会语言学最主要的贡献之一，就是开了用计量方法研究语言样本的先河。其研究步骤如下：A. 选择说话语境和语言变项；B. 收集有关文本；C. 辨别语言学变体及其在有关文本中的变异成分；D. 对有关数据进行加工处理；E. 解释有关结果。

在借鉴以上方法的基础上，我们采取了抽样问卷调查的方法，对香港青少年隐语现象进行了调查，在每一项调查之前，首先确定调查对象，拟定调查提纲，制定调查问卷。在事实调查阶段，准确记录调查内容；调查结束后，整理出词汇变异的数据和说话者社会属性之间的对应关系，以及和文化程度、年龄、性别的相关性，再对出现的隐语词语进行归类，最后，根据统计资料和分析，交待调查结果，对青少年隐语现象作出解释。

四、调查的动因、内容和目标

（一）动因

作为青少年交际工具之一的隐语，这一特殊的语言变体也处于不断的演变中，其变化以词汇最为显著。本文试图通过对香港地区青少年隐语词汇嬗变的调查，探讨其社会和心理的原因。

（二）内容

近年来，香港青少年流行隐语快速变化，由以前十年一变，缩短为三年一变。这与信息的发展和互联网的普及密切相关。有些文化研究者指出，流行语每三个月就转换一次。这一现象在“两文三语”并存的香港，已引起了学者和社会工作者的关注。青少年隐语的嬗变是怎样发生的？它又有哪些性质和功能？在构词方法表现形式上有什么特点？青少年换一种说法的社会文化和心理因素是什么？所有这些都是我们调查的内容。

(三)目标

搜集嬗变中的青少年隐语词汇，并把使用情况和说话者的年龄、性别、教育水平联系起来，进而分析他们是否具有的共同语词规则、频密联系和共同的语言特征。

为了使调查具有代表性，笔者利用教学之便，选择了52名大学生作为调查对象，并请在中学执教的同学和朋友帮助，选择了52名中学生作为调查对象，设姓名、年龄、性别、文化程度，使用频度等自变项栏目，收回有效调查问卷104份。

表1 隐语词语使用情况调查表

姓名	年龄	文化程度	朋辈间使用的隐语词语	使用频度			
				每天	三天中	一周中	不说

104份问卷共搜集了384个词语，其中不属于隐语的共84个，重复词语178个，实际搜集到的隐语词语共122个。以下对香港地区青少年隐语进行具体的分析。

五、调查的结果和启示

(一)人以群分——香港青少年隐语的来源及嬗变

表2 青少年使用隐语情况统计表

受调查者学校类型	年龄段	受调查人数	隐语使用情况			
			每天	三天中	一周中	不说
大学	18—22岁	52人	23人	18人	5人	6人
中学	11—17岁	52人	30人	16人	4人	2人
合计		104人	53人	34人	9人	8人
占受调查	人数%		50.9%	32.7%	8.7%	7.7%

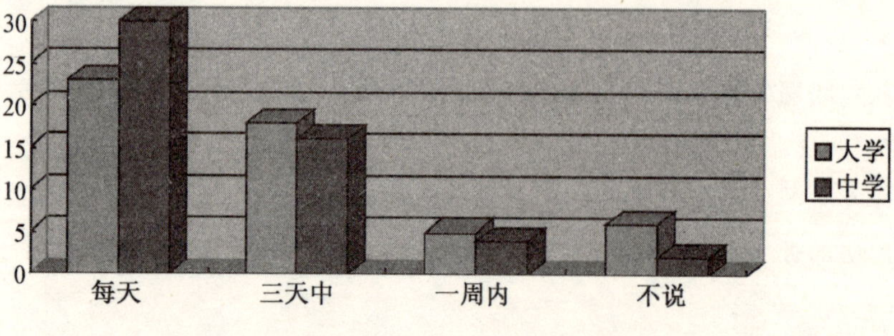

据调查所得，104名被调查者中92.3%有说隐语的习惯，其中每天都会说的53人，占50.9%；三天中会说的34人，占32.7%；一周中会说的9人，占8.7%；不说的12人，只占7.7%。综合来看，中学生说隐语的频率高于大学生。

从提供隐语数量方面考察，中学、大学两组青少年，最多的填写了21个隐语，最少的填写了2个隐语。总体上中学生多于大学生，男生多于女生。见下表

表3 提供隐语数量统计表

类型	年龄	受调查 人数		提供隐 语词数量		占提供隐语 词的百分比	
		男	女	男	女	男	女
大学	18—21	26人	26人	32个	20个	26.2%	16.4%
中学	13—17	26人	26人	48个	22个	39.4%	18%
合计		104人		80个	42个	65.6%	34.4%

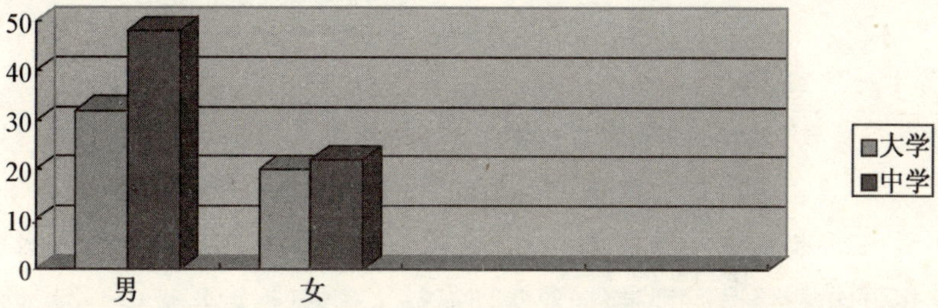

由上表可见，14—17年龄段的中学生提供的隐语词语70个，占57.4%；18—21年龄段提供的隐语词52个，占42.6%；男女生相比较，男生提供的隐语词达80个，占总数122个的65.6%，女生提供的隐语词42个，占34.4%；青少年时期是世界观和人生观形成的重要阶段，他们正由大孩子向成人过渡，心理和生理的变化较大，中学生较多使用隐语交流，可能反映出青少年在生活中渴望独立的意识，当然也不排除受从众心理的驱使。女生讲隐语少于男生，社会观念和家庭约束外，女性的矜持可能也是原因之一。这也证实了性别语言学研究的某些成果："女性比男性更注重语言的规范性，对各项语言规则更循规蹈矩。"

经过筛选，剔除不是隐语和重复的词语，我们对122个流行隐语进行了梳理分析，青少年隐语属于社会语言的一个分支，一般仅限于在青少年社交圈子里流行，讲隐语是他们沟通的方法之一，它的形成和发展，有着深刻的原因和自身的独特性。

我们发现，除一小部分隐语词语为青少年独创外，大部分隐语词汇经过了继承或变形。无论创造还是翻用，这些隐语词语和共同语、外来语、方言、网络语言都有着丝丝缕缕的关系。

表 4　香港青少年隐语词语来源结构统计表

项　目	来源构成						总计
	网络语言及其他	三合会用语	改造	转换	外来语	阿拉伯数字	
隐语数量	29 个	20 个	19 个	21 个	10 个	23 个	122 个
占%	23.8	16.4	15.6	17.2	8.2	18.8	100%

香港青少年隐语词来源结構统计图

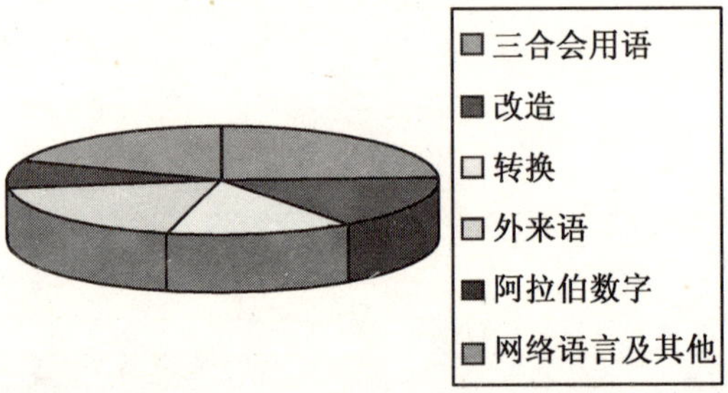

1. 来源于三合会用语

三合会是香港较有影响的黑社会社团之一，和其他帮会一样，早年他们自创了帮会内使用的背语，俗称黑话。黑社会成员讲黑话的目的：一是保密，让圈外人不知底里，方便他们作奸犯科；二是借此便于寻找同道中人。随着社会的演变，香港青少年汲取了部分通俗化三合会用语如蒲（觅食）、埋堆（向小集团靠拢）、扎炮（挨饿）、披（外套）、挞沙（脱鞋）、蛋（手表）、底横（内裤）、窦口（居所）、眼超超（觊觎）、晒（睡觉）、衰（失败）、诈型（埋怨）、入厂（住医院）、散水（离开）、磅水（给钱）等等。

2. 来源于对原有隐语的改造和转换

对旧有词汇的改造和整合是语言发展的规律之一，在每一种语言的词义网络上，每一个词都有相对稳定的固定意义和位置，处于词与词相互作用的复杂关系中。但他们的意义不是一成不变的，有的相对稳定，有的活动性较强，隐语的发展属于后者。对词语进行整合是省事而经济的做法，隐语的整合包括两类，即改造和转换。所谓改造是只保留了原词的部分语素，加进了新的语素。改头换面由过去隐语转化成时下隐语的例子有：

原隐语	改造后的隐语	含　义
收料	入料	收集情报
猪八戒	猪扒	丑女
去威	去皮	去玩

续 表

原隐语	改造后的隐语	含 义
吹牛	吹水	讲大话
黑客	红客	网络攻击者
柴可夫斯基	柴可夫	司机

所谓转换是抛开以前的说法，完全换一种说法，例如：

原隐语	转换后的隐语	含 义
拨轮	电联	打电话
迭水	好贵	有钱
烂鬼	牛屎	二流子
蛊惑仔	八神	不务正业者
起锚	弹开	走开
电灯胆	飞利浦	陪衬者
金手指	笃灰	背后中伤
正	好索	很漂亮
飞机场	花木兰	平胸

3. 来源于用外来语和阿拉伯数字自创

青少年是最富朝气和创造力的一群，他们思想敏锐，容易接受新信息和新思潮。因此，在东西方文化荟萃的香港，他们的流行隐语更显得丰富而驳杂。用外来语译音或借词(borrowing)或汉字加英文缩略语作为隐语，占了他们自创隐语的相当部分。比如：

借 词	隐语含义	借 词	隐语含义
fing	摇头丸	去 wet	结伴玩乐
under	内裤	落 D	去迪斯科
BMW	长舌妇	去 K	去唱卡拉 OK
Cap 水	榨取金钱	ICQ	我找你
3Q	谢谢	奸爸爹	加油
卡娃伊	很可爱	好 yeah	很帅

也出现了用外语缩略语形式的塔布语(taboo)，比如：M 特指月经等。这种隐语有别于一般的塔布语，流行的范围更狭窄，仅局限于青少年圈子。

(二)频繁的相互影响——香港青少年隐语的性质和功能

隐语作为一种特殊的语言变体,既具有语言符号的一般性质,又具有自身的特殊社会属性。香港青少年隐语是特定地区特殊的语言变异现象,是因应香港青少年群体内部交际需要而产生的,为部分成员所使用,带有掩蔽性、内聚性和排他性。

在第二份问卷中,我们提出了这样一个问题"你为什么说隐语",104位被调查者的答卷,在很大程度上,折射出青少年隐语的性质和功能。

104名被调查者对"你为什么说隐语"的唯一选择性回答如下:

表5 使用隐语原因调查统计表

调查项目							
类型	性别、人数	你为什么说隐语					
		好玩	保密	被认同	感亲切	随大流	不知道
大学	男26人	3人	7人	10人	4人	2人	0人
	女26人	2人	6人	8人	7人	1人	2人
中学	男26人	4人	6人	8人	4人	3人	1人
	女26人	6人	4人	6人	8人	1人	1人
合计	104人	15人	23人	32人	23人	7人	4人
占受调查者%	100%	14.4	22.1	30.8	22.1	6.8	3.8

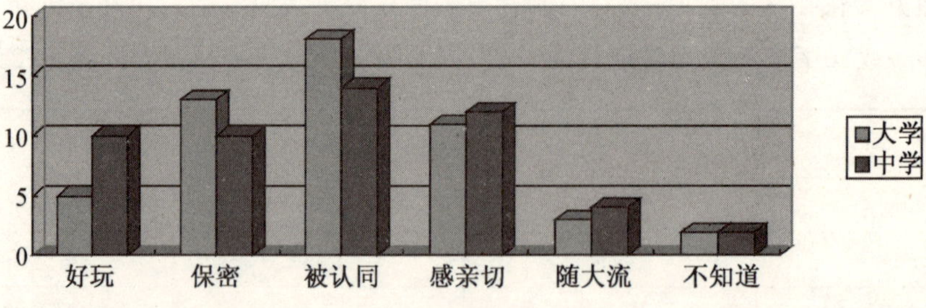

从上图可见,大学生说隐语的主要目的是被认同,共18人,占被调查大学生的35%;其次是保密,共13人,占被调查大学生的23.2%。中学生说隐语的主要目的是被认同和感亲切,两项分别是14人和12人,分别占被调查中学生的25%和21.4%;

从性别上分析,男性的趋同感最强,18人选择此项,占男生的32.1%;而女生的亲和感最强,15人选择此项,占女生的28.8%。从以上图表我们可以归纳出青少年隐语的若干性质和功能。

1. 半封闭性

作为小区交际工具的隐语和共同语比较，它们是两种不同的系统，共同语是一个开放的系统，而青少年隐语则不同，从它的产生到使用，始终在特定的小区和人群中进行，尽管它的封闭型没有行帮黑话那么严密，但也有其相对的封闭性。104 名受调查者中，共有 23 人认为说隐语是出于保密的需要。封闭的结果是局外人对一些隐语茫然不知，倘不加解释，谁能知道“恐龙”指的是反应迟钝的人，“挣爆”指的是胖子。正是隐语词汇意义的曲折和掩蔽，才使这种小区语言不易外泄。但随着社会的变迁和互联网的普及，香港青少年隐语的保密性有所减弱，有些隐语已逐渐成为日常使用的语言，如“屈机”、“升呢”、“o 嘴”等等。

2. 变异性

香港青少年隐语主要是建立在粤方言基础上的词汇变异现象，其变异性显而易见。青少年隐语常常对粤语词汇进行有意识的改造或歪曲，或借形赋义，或临时翻造，如“开饭”、“放牛”指吃软性毒品。“猪扒”指丑女等，都具有明显的变异性特征。香港青少年隐语既然主要依赖词语变异，那么它就不是一个自足的语言系统，因为它没有自己独立的语音、词汇和语法系统，离开了共同语和母语，青少年隐语就成了无源之水，它所采取的原词翻用或借用原有词素加以拼合改造的方法，其组词方式也没超出现代汉语的组词模式。

3. 语言功能

青少年隐语的构成，包括了符号能指（音响符号）和符号所指（词语概念），既带有语言符号的一般功能，也具有其特殊的社会功能。简言之，青少年隐语具有三个基本功能：

第一，交际功能（局限于青少年言语小区之内）。

第二，保密功能。从表二的调查结果看，相当一部分青少年说隐语的目的是不想为外人知道，青少年隐语因应了青少年群体内部交际的需要。

第三，识别功能。青少年隐语是特定的社会群体的标志，在青少年小区内操这种语言变体的人就会得到认同，否则，非我族类，就会受到排斥。

（三）共同的语词规则——香港青少年隐语的特点

1. 语言特点

由于香港东西方文化荟萃，对外来语中词语的借用相当普遍，这些借词隐语和皮钦语（pidgin）有些相似，同属于混合交际语的范畴。所不同的是，皮钦语是两种说不同语言的人，为了交际的需要而创造出一种简单的语言，他们用彼此听得懂的词汇和语法进行沟通。而香港青少年使用借词隐语的情形则不同，他们日常使用的是同一种语言，没有交际障碍，只是为了获得青少年言语小区的接纳，才创造和使用借词隐语，其包括构词法在内的语法系统是丰富的中文语法，混合语码构成了香港青少年隐语的一大特色。

近年来,互联网迅速普及,为提高传递信息的效率,一些用数字暗示的隐语应运而生。如：520(我爱你)、5201314(我爱你一生一世)、3166(沙扬娜拉)、1437(I love you forever)等等。数码化是香港青少年隐语的另一特色。

还有一个值得注意的现象是,随着中港交流范围的逐渐扩大,青少年接触普通话的机会增多,流行隐语中也出现了一些以汉语拼音缩略形式的隐语,如：LM(辣妹)、PMP(拍马屁)、RMB(人民币)等等,这可看作是推广普通话的副产品。

2. 构词特点

从词素上看,这些词的构成多数使用了不定位自由语素,少数使用了定位语素,几乎不用粘着语素,且以实词性自由语素居多。从构词结构上看,主要有以下几种：

1) 独语：蒲　蛋　衰　披　晒

2) 动宾：埋堆　扎炮　诈型　磅水　笃灰　吹水　入料　去马

3) 偏正：底横　窦口　猪扒　牛屎　八神　好贵　好索

4) 主谓：电联　头痕

5) 补充：弹开　作大

6) 联动：去皮　去K　去威

(四) 雷同的语言态度——疏离家庭和社会的心态

香港青少年隐语是该地区青少年语言接触的产物,这种次文化现象,一方面反映出青少年的内聚倾向,如：去皮(去玩)、夜吹(夜晚联络)、登澄(去出租车高)等,都和他们的群体活动有关。另一方面通过部分隐语,也可以了解到青少年的心态,包括他们的价值取向、是非观、审美观等,比如：笃灰(戳脊梁)、奇呢(古怪)、好激(很刺激)、牛屎(二流子)、蛋散(痞子)、好爆(不顺眼)、好削(没有料)、好英(很帅)、好索(漂亮极了)等等,这些词语从不同的侧面,反映出他们独特的表达方式,以及和传统的主流文化的距离。部分青少年对社会不信任,他们缺少安全感和成就感,渴望得到别人的认同。他们宣之于口的隐语,折射出复杂的心态。有人把这种次文化现象,归结为传统文化底子薄弱,认为隐语是肤浅粗俗的劣质文化。笔者认为,这样的观点有失偏颇。语言是最重要的交际工具,也是文化的组成部分和载体,民族共同语、方言、小区语言虽然在地位、功能、使用场合上存在差异,但并无优劣之分。威廉拉波夫把言语小区划分的着眼点放在共同的语言态度上,而不是仅仅放在言语形式上,是从社会学角度研究语言的严谨态度,而没有对某类语言表露出半点偏见和鄙视。对于青少年隐语的形成和嬗变,不能仅仅从语言本身去寻找原因,更不能带有色眼镜去看这一语言现象,必须客观地从其社会特征方面进行分析。

有青少年的地方就有青少年隐语,虽然语言形式可能有所不同,但是在语言态度和社会心理方面有相似之处。青少年隐语往往是对其心理的极好刻画，刘中富先生曾经介绍，中国内地的青少年把星期一到星期六，依次叫做走向深渊、路漫漫、夜茫茫、冲破黎明前的黑暗、归心似箭、胜利大逃亡；把上学叫做“再向虎山行”；把老师到访叫做“今夜你会不会来”；把公布考试成绩叫做“让我喜欢，让我忧”等等，惟妙惟肖地反映了青少年的厌学情绪和对现行教育制度的某些不满。

研究结果显示，香港青少年隐语，带有共同的语词符号形成的语词规则；在语言接触中，青少年之间有着频繁的相互影响；青少年有着相同的社会心理和语言态度。这些特征和约翰·甘柏兹，以及威廉·拉波夫的言语小区标准十分吻合。语料和分析证实了我们的假设：香港青少年群体是一个独特的言语小区，他们所创造和使用的隐语是以粤语为主，以共同语和外来语为辅的汉语变体。隐语反映了他们的心理特质和对事物的价值评价。这一结论不仅符合香港语言生活的实际，也符合香港青少年社会属性的实际。

初步的研究结果具有一定的理论意义和实践意义。其理论意义在于：第一，从一个特殊的角度、揭示了香港青少年同辈群体语言社会化的现象和成因，尤其是从一个侧面探讨了在香港这个华洋杂处、东西文化荟萃、“两文三语”并存的特殊之地，青少年的语言态度、社会特点和价值取向，在某种程度上映证并充实了社会语言学的言语小区理论。第二，通过对香港青少年使用隐语的动机的调查，初步探究了文化程度、年龄级差、性别对话语动机的影响，为隐语研究的深入和细化作了一些有益的理论探索。

这项研究结果的实践意义体现在三个方面，一是有助于消除社会对青少年隐语的偏见和歧视。通过语言变异在香港青少年隐语词汇方面的描写，证实隐语词汇这一语言的社会变项，从表义功能、构词法、来源演变和转化等方面看，都和标准语体的词汇有着密切的联系和相似之处，不应简单地斥为低俗的代表着次文化的语言。二是有助于更好地认识青少年的言语行为模式，使社会语言学成果应用于青少年教育。研究青少年隐语无疑为家长、社会工作者和教育工作者，推开了一扇探视青少年社会文化和心理活动的语言之窗。从隐语的特殊的社会交际功能出发，考察青少年内心深处隐秘的一面，对于更好地了解他们的心理活动和行为模式，帮助他们健康地成长，具有积极的意义。三是有助于改进语言教学。帮助学生逐渐完善语言的社会化。青少年言语小区是一个“小社会”，隐语的使用是他们共同身心特质、生活经验、语言经验的选择，教育工作者可依据对隐语的研究成果，帮助学生理解“大社会”的语言规约，在语言、语言学、语用学、社会学、心理学等学科的教学中，引导并促进学生在社会生活中跳出“小社会”言语小区的窠臼，得体地、礼貌地、分场合地使用语言，顺畅地进行语言交际。

参考文献

[1] [英]R. A. 赫德森(1989).《社会语言学》. 北京：北京语言学院出版社.

[2] [美]包睿舜(Bauer Robert S.)(1986).《香港粤语的共时语音变化》. 香港：香港理工大学讲义.

[3] [英]约翰. 甘柏兹(John J. Gumperz)(1982)，徐大明、高海洋(2001)译.《会话策略》，北京：社会科学文献出版社.

[4] 常敬宇(1995).《汉语词汇与文化》. 北京：北京大学出版社.

[5] 徐大明、陶红印、谢天蔚(1997).《当代语言学》. 北京：中国社会科学出版社.

[6] 刘孝存(1998).《现代文化语汇丛书・秘密语》. 北京：新华出版社.

[7] 刘中富(1997).《现代文化语汇丛书・秘密语》. 北京：新华出版社.

[8] 王德春、孙汝建、姚远(2000).《社会心理语言学》. 上海：上海外语教育出版社出版社.

[9] 周荐(1994).《词语的意义与结构》. 天津：天津古籍出版社.

[10] 祝畹瑾(1992).《社会语言学概论》. 湖南：湖南教育出版社.

Evolution of Hong Kong Youth argot and its implications

YANG Jun
The Hong Kong Polytechnic University

Abstract: Does Hong Kong Youth constitute a distinct speech community? If it is so what characteristics does this speech community have? What are the significances of these features? These are the concerns of this paper. Language of young people is the most creative, avant-garde and ever-changing. It is always "new" and "imaginative". This paper will focuses on the variation and change of Hong Kong youth argot in recent years by analyzing its characteristics and causes. Questionnaires and quantitative analysis-based methods will be used to study the discourse characteristics, and the semantics and discourse ideology underneath. The aim is to explore this speech community's word order, frequency of contact and common language attitude.

Keywords: speech community; youth argot; evolution of words; causes

作者简介

杨军，男。语言学硕士，香港理工大学中文及双语学系专任导师。近年发表了《On transformation of Chinese educational methods》、《粤方言语气词对香港大学生普通话表达的干扰初探》、《香港短广告中语言能指和所值的不确定性及其应用》、《语用原则和策略在应用文教学中的应用》、《论语文教学策略的优化》、《应用文语用指瑕和匡正》、《普通话音节自动评测和人工评测的相关研究》、《计算机对中介语声调的诊断以及应用初探》、《从语用角度看话语听力题的难度区分和控制》等二十余篇论文，并与他人合作编著了《香港地区普通话教学与测试词表》和《小学普通话水平考试研究》两本书。

通讯地址：香港红磡育才路 11 号

电　　邮：chyeung@polyu. edu. hk

汉语幽默话语的致笑机制
——一条以名词为例的本土化研究思路[①]

◎ 王晓军

临沂大学/上海外国语大学

◎ 林帅

福建师范大学

摘　要　最近十年汉语幽默话语的研究主要有语用学、认知语言学、认知语用学、修辞学与系统功能语言学等几个角度，但结合中国学者研究成果的本土化研究偏少，本研究力图改变这样的研究思路。在汉语幽默话语，尤其是相声小品的现场表演中，名词的语义认知冲突往往带来幽默效果。中国学者施春宏和贾彦德将名词的语义划分为描述性语义、关涉性语义、指称性语义等三个特征。基于此，探索语义认知冲突透视了汉语幽默话语的致笑机制，此类本土化研究预测了以语义为轴、以词汇、语法、语篇修辞为具体对象的汉语幽默话语系统研究的可能性。

关键词　汉语；幽默话语；名词；语义；认知冲突

一、汉语幽默话语研究回顾

幽默是一种语言使用过程中的固有现象，常常出现在日常会话、相声小品、影视作品、文学作品和娱乐节目中。近十年，国内研究者对汉语幽默话语的研究主要从以下几个方面进行。

首先，语用学的研究框架主要是语用单元论，如指示语的指示信息不明确或指示语省略的角度（王慧珍，2010），会话含义角度（高玉兰，2001），礼貌原则角度（刘乃实、熊学亮，

---

① 本文为作者该领域研究的系列论文之一，为以下论文的姐妹篇：(1)《相声小品幽默效果的名词语义认知机制》，《语言学研究》（北京大学外国语学院）2011 年总第十辑；(2)《国内语言幽默研究十年回顾与思考》，《外语研究》2011 年第 5 期；(3)《会话冲突中名词的语义认知机制及语用功能》（待刊）。感谢施旭教授的修改意见。

2003)，语用曲解策略角度(方传余、王蒙，2007)，话论转换角度(车振冬，2010)，预设理论角度(吴昊、杨雪蕾，2010)等。也有从语用综观论的角度进行研究的(焦恩红、李艳，2009)。其次，新世纪以来，随着认知语言学研究的兴起，研究者不断将认知语言学的相关理论用于幽默的语言认知机制的研究。如概念整合理论(刘敦萍，2006；尉万传，2009)，Coulson 的框架迁移理论(向小蕊、韦汉，2006)，Carrell & Eisterhold 的图式理论(陈金中，2006)以及 Fauconnier & Turner 的空间复合论(蒋勇，2003)等。再次，许多研究者都从 Sperber & Wilson 的关联理论入手研究相声、小品和日常会话中的幽默(汪颖，2010；刘乃实，2005)。有的研究者综合心理空间理论、概念整合理论、构式语法、框架转移理论、关联理论等研究等级幽默，提出了一个以认知语用为取向的综合模式来解读言语幽默的生成理解机制(项成东，2008)。此外，也有研究者借鉴修辞学、逻辑学、系统功能语言学等学科的理论开展研究(杨一，2009；孙绍振，2009；周海明，2009；任欢欢，2010)。

以往的研究主要存在两个主要问题。

其一，与上述诸方面集中研究的形势不同的是，词汇语义研究式微。究其原因，一方面是以非语言学为视角的经典幽默研究虽涉及语义，但“后继乏力”，缺少新的理论探索和范式更新，也缺乏非语言因素与语言因素的共洽；另一方面，认知语义学研究的崛起时日尚短，还没有将这一普遍的语言现象视为其研究的重点。正是基于这样的研究现状，我们选择从认知词汇语义的角度对话语幽默展开研究。我们认为，不管是语义逻辑论还是脚本重合对立论都抓住了语义冲突与识解这一话语幽默的核心机制，这依然是今后研究的重点，但它们的宏观框架需要借助微观层面的深入探讨支撑和突破。具体讲，无论是语用研究还是语义研究都较少关注字词层面的语义冲突及消解。

其二，与借鉴国外语言学理论框架进行汉语幽默语料分析的形势不同的是，结合中国学者研究成果的本土化研究极少，本研究力图改变这样的研究思路。以本文将要集中讨论的名词为例，中国语言学家王德春(1997)认为语义可分为词汇意义、语法意义和修辞意义三大类。[①] 施春宏(2001)又将名词的词汇意义分为描写义、关涉义，而贾彦德(1999)认为，广义的语义还可以分为反映义和语法义，反映义又可分为指称意义和系统意义。整合中国学者关于名词语义的分类，我们完全有理由将名词的意义分为描写义、关涉义和指称义。[②] 通过大量的语料观察，在会话中，由于名词本身丰富的意义和会话双方认知方式的差异，常常导致会话冲突，而这种冲突用于文艺创作则凸显了汉语幽默话语的内在建构和理解机制。以下三节我们将分别加以讨论。

---

① 王德春：《语言学教程》，上海外语教育出版社，第 88 页。

② 贾彦德：《汉语语义学》，北京大学出版社，第 37 页。

二、描述性语义特征引发的会话冲突

(一) 强描述性语义特征

施春宏(2001)把名词的描述性语义特征分为强、次强、弱三个层次，并认为强描述性语义特征是从词义本身能够分离出来的描写、修饰等语义特征。它包括一些定中式的偏正结构(如纯情)、具有某类典型特征的类别性名词(如恶煞)、具有典型意义的专有名词(如孔乙己)和名词的比喻义(如泡沫)。次强描述性语义特征是不容易从词义本身直接分离出、但可以通过进一步描写而解释出来的某些描述性语义特征(如世代相传)。[①] 我们认为，因这两类描述性语义特征比较明显、容易提取(即使是次强描述性语义特征也可以通过进一步阐释而揭示)，所以在会话中，具有这两类描述性语义特征的名词引发的冲突不多，相比较而言，具有弱描述性语义特征的名词更容易导致冲突、引发幽默。

(二) 弱描述性语义特征

具有弱描述性语义特征的名词是从词义本身很难分离出描述性语义特征、只有借助于特定的语境(临时语境)才能分析得出的一类词。我们认为，除此之外，该类名词，如果属于专有名词，其语义也是非典型的，如果有比喻义，也是非定型化的。由于这类名词要借助语境才能显现其描述性语义特征，因此也常常导致会话冲突引发幽默。如：

[1] 高英培、范振钰相声《石厂长》

范：厂长贵姓?

高：不客气，我姓石。

范：叫什么?

高：石棉瓦。

范：你就是石棉瓦呀，咱俩还一样。

高：您是?

范：预制板。一样一样。

高：完全不一样。

范：怎么不一样，都是建筑材料。

高：预制板是尖角尖棱……谁见了谁讨厌。

范：那你好。

---

① 施春宏：《名词的描述性语义特征与副名组合的可能性》，《中国语文》(3)，第213页。

高：石棉瓦多好呀，这么看也是圆，反过来看也是圆，老圆圆乎乎的。上面来了热我（石棉瓦，作者加）能给它降温。底下来了热我能给它顶住。我中间老是那么凉凉丝丝，平平安安，四季常青。又绝缘又隔热。

石棉瓦本是一种建筑材料，词义本身几乎不具有任何描述性语义特征。高先生塑造了一名石姓厂长“石棉瓦”，其语义认知过程即拟物化过程。但听众的语义识解过程则恰恰相反，为拟人化过程——在此过程中，这位厂长圆滑、不得罪人的为官之道显露无遗。“石棉瓦”这个具有弱描述性语义特征的名词，皆因厂长这一身份（即临时语境）而被赋予了特定的意义，从而制造了典型的幽默效果。

相似的例子还见于：

[2] 黄宏、宋丹丹小品《手拉手》

黄：你别哭，咱上医院吧！

宋：上医院？

黄：事到如今只好动刀。没关系，从我这疙瘩拉，保证你这个完美的人，行不？

宋：那我不成三只手啦？

黄：骗你一双鞋，搭配你一只手，也算对我的惩罚。

宋：大哥，头回见面，我怎么能要你这么珍贵的礼物呢？

根据《现代汉语词典》，礼物泛指赠送的物品（2005：834）。例（2）中，黄要给宋一只手以弥补自己的欺骗行为给宋带来的伤害，宋将它称之为“礼物”，这与人们对“礼物”的普遍认知相冲突：手是重要的人体器官，非物品，不能任意移动或装卸，谈不上赠送。在小品的临时语境中，该名词的弱描述性语义特征被前景化为一种乖讹的情况，使之与人们的常规认知相冲突，具有了反讽意义和幽默效果。此外，在日常语言使用中，“礼物”一词常被喻化。以百度随机搜索的标题为例，如：小孩永远是上帝赐予的礼物、生命是上帝赐予我们的礼物、心理专家曲伟杰：紧张是上帝赐予的礼物、每一天都是上帝赐予的礼物。

综上所述，某些具有弱描述性语义特征的名词在临时语境中产生非典型意义。这类非典型意义不能从词本身分离或推衍出来，只能借助临时语境方能揭示。[①] 文艺作品的幽默效果正是利用临时语境中观众的临时认知与常规认知的冲突方得以产生。

---

① 需要说明的是，即使是意义定型了的多义词，在使用过程中也存在意义竞争的现象。所谓竞争，从语义认知的角度看，可以理解成认知冲突。该原理同样适用于那些具有“非定型化”或“去定型化”的弱描述性语义特征的名词。

三、关涉性语义特征引发的会话冲突

关涉性语义成分指对名词的内涵起到说明、限制等介绍作用的客观性内容,它显示出名词的关涉性语义特征,即具有关涉性,因而是名词语义特征中表示“要素”的部分。关涉性成分大体包括物类、工具、材料、对象、时间、空间、颜色等。下面试结合语料分析会话中因成分的置换而引发的会话幽默。

(一) 对象置换引发的幽默

词义所关涉的对象很容易发生游离,这是引起会话幽默的原因之一。

[3] 赵本山、宋丹丹小品《昨天今天明天》

白云:我都畅想好了,我是生在旧社会,长在红旗下,走在春风里,准备跨世纪。想过去,看今朝,我此起彼伏。于是乎我冒出个想法。

主持人:什么想法?

白云:我想写本书。

黑土:哎呀,打住,拉倒吧,看书都看不下来写啥书啊。

主持人:大叔啊,现在出书热,写一本也行,

白云:是,人家倪萍都出本书么叫《日子》,我这本书就叫《月子》!

黑土:净能吹牛啊,你要写《月子》我也写本书,《侍候月子》,吹呗。

主持人:越说越不对劲儿了……

据《现代汉语词典》,“日子”有三个义项:① 日期;② 时间;③ 指生活或生计。(2005:1153)“月子”有两个义项:① 妇女生育后的第一个月;② 分娩的时期。(2005:1683)两者的关涉性语义特征完全不同。作为一本书,《日子》显然选取的是第三个义项,而白云不顾两者的零关联性,仅仅利用词素的替代置换了倪萍的书名,生发出《月子》。这在黑土看来是完全不可能的,所以说她净吹牛,并依葫芦画瓢也造出个书名,幽默产生。

(二) 物类置换引发的幽默

任何一个名词,在语义分类体系中最终都可以将它归为某个物类,这个物类就是其最基本的关涉成分,而且是比较容易发生置换的语义成分。由于世界万物之间的相关性,某个物类的性质、功能等描述性语义特征很容易迁移到另一相关物类上。置换之后,同一个词形具有不同的词义,会话双方若“各执一义”往往也会导致会话幽默。如:

[4] 赵本山、宋丹丹小品《钟点工》

赵：说有一只老虎，被蛇咬了一口，老虎急了，就想把这蛇踩死，追啊追，追到一个小河边，这蛇钻水里去了，老虎就在河岸上等，“小样的，我就不信你不出来”。不一会，从里面钻出来一只王八，老虎上去就把它按住了，“小样的你穿个马甲我就不认识你了”？

宋：（气愤的眼神）

赵：大妹子，我重讲，我讲错了。不对，是一个王八钻水里去了，完事出来一条蛇，老虎说了，“你把马甲脱了我照样认识你”！

宋：（更加气愤的眼神）

赵：大妹子，你看你，我给你讲笑话，你老整个马甲配合我干啥？

马甲本是人类才有的一种衣服，赵把动物的外壳形象地称作“马甲”是为了配合笑话的需要，而宋正好身穿一件马甲，并把笑话里的马甲和自己的衣服联系到了一起，本想脱掉干系却弄巧成拙，一次次地配合了赵的笑话。在这个片段中，马甲借助功能的相似实现了从衣服到外壳、从外壳到衣服的相互转化，产生了幽默效果。

相似的例子还见于：

[5] 黄宏、严顺开小品《难兄难弟》

严：走的地方不少吧！

黄：这么跟你说吧，现在已经围着地图转两圈了。我走的地方跟你说孩子名你就知道了。老大叫海南岛，老二叫吐鲁番，老三少林寺。听见没，少林寺？还跟我动武呢？我少林寺他爹。

少林寺是享誉国际的佛学名刹，是我国少林武术的发源地和标志。例[5]中，黄将地名置换成人名——将作为武术标志的“少林寺”的性质、功能（即武功超群）等描述性语义特征迁移到作为人名的“少林寺”上。黄的有意置换不仅不会让观众信服，还带来了强烈的幽默效果。

（三）义素置换引发的幽默

有时，词义所包含的义素被有意置换，也是引起会话幽默的原因之一。如：

[6] 赵本山、宋丹丹《钟点工》

赵：我儿子叫你来干什么来了，你能不能告诉我，完了再笑？

宋：陪你说说话，陪你聊聊天，陪你唠唠嗑。

赵：三陪呀。

宋：说啥呢！

“三陪”指一些在酒店歌舞厅等娱乐场所陪异性客人吃喝玩乐的人。他们一般陪客人吃饭、聊天、跳舞。但随着利益的驱使,“三陪”慢慢发展成为赤裸裸的淫秽色情活动,进而演变成陪吃饭、陪跳舞、陪睡觉。该词的三个义素很明显,而宋把这三个义素置换成了[+说话]、[+聊天]、[+唠嗑],赵在此基础上总结出“三陪”,通过义素的置换赋予该名词以新的含义,产生了巨大的幽默效果。当然,这也引起了宋的不满。

相似的例子还见于:

[7] 黄宏、宋丹丹小品《小木匠与小保姆》

宋:我有个建议。咱们在京的这些东北小保姆应该抽时间上我这疙瘩来聚一聚。一切从简,就按团拜的那个形式。

据《现代汉语词典》,“团拜”指机关、学校的集体成员为庆祝新年或春节而聚在一起互相祝贺(2005:1383)。该词具有[+机关]/[+学校]、[+庆祝新年]、[+聚会]的语义特征。宋把其中参与对象的义素置换成了[+小保姆们],主体性质的巨大差别使观众对该词的常规认知与演员的有意置换产生了冲突,产生了幽默。

四、指称性语义特征引发幽默

指称义是义位指称各式各样的对象形成的,既可指称一种事物、现象(如“桌子”),也可以指称一种行为、运动、变化(如“走”),还可指称性质和特征(如“大”)。义位的首要任务是指称对象①(贾彦德,1999)。对指称性语义特征的认知差异将产生指称冲突,从而导致会话幽默。

(一) 指称对象的认知差异引发的幽默

[8] 黄宏、宋丹丹小品《小木匠与小保姆》

宋:亲一口。

黄:别,在人家家里。

宋:你不爱我。你瞧人家王教授多大岁数了,每天上班下班都亲媳妇一口,你就不能亲一口?

黄:那我能亲吗?

宋:那咋不能亲?

黄:王教授媳妇我也不认识,人家也不能让我亲。

---

① 贾彦德:《汉语语义学》,北京大学出版社,第38页。

指称阻碍现象是指在指称表达的使用或认知过程中出现的实际的或潜在的交际滞碍的情况(马文,2007)。Schelgoff(1996)根据指称表达在一段展开的会话中所出现的位置及指称形式的不同,明确区分了局部初始位置(locally initial position)和局部接续位置(locally sub sequent position)、局部初始指称表达(locally initial reference)和局部接续指称表达(locally subsequent reference)。局部初始位置是指在一段谈话中,尤其是指一个新展开的序列当中,某一实体第一次被指称的位置;而在同一段会话或序列中,这一实体再次被指称的位置或场景被称为局部接续位置(转引自马文,2007)。

一般而言,初始位置倾向使用初始指称表达,接续位置则较多使用接续指称表达。例[8]中,宋在会话初始位置用了一个初始表达指称一个初始概念"教授媳妇",接着,宋其实又在接续位置省略了一个初始表达"你媳妇",而黄却将此空位故意理解成了前一个初始概念的接续表达(教授媳妇),所以才有了"人家也不能让我亲"这样让人啼笑皆非的话。

(二) 指称对象的概念认知差异引发的幽默

逻辑上认为,内涵就是概念的性质。由于地域、文化、心理等诸多方面的差异,不同的人对同一个词的概念认知会有所不同,概念认知差异用于文艺创作常常可以制造幽默效果。如:

[9] 赵本山、黄晓娟小品《我想有个家》

赵本山:你说话。

黄晓娟:我说也白说……不会有人来应征的。

赵本山:自己就封门了。

黄晓娟:我条件不好。

赵本山:找一般的呗。

黄晓娟:我不是独身。

赵本山:不是……不是独身,上这扯啥来呀。我跟你说,这事违法呀……

"独身"是单身、独自一人的意思。对于一个"独身"的女人来说,可能没有伴侣和孩子,完全一人;也可能指离婚带着孩子。例[9]的黄和赵正是对这个概念各执一端:黄指自己还带着个八岁的儿子,赵却认为黄已经有了伴侣还来相亲,这才引起了冲突,产生了幽默。

五、思考与讨论

一部《红楼梦》,鲁迅曾说过:"单就命意,就因读者的眼光,而有种种:经学家看到易,道学家看到淫,才子看见缠绵,革命家看到排满,流言家看到宫闱秘事。”[①]可见,语义是丰富多彩的,认知方式是多种多样的,各类语义与主要认知方式的关系也是错综复杂的。(王德春,2009)本文研究的便是汉语会话中名词语义的多棱性与会话者不同的认知焦点之间的矛盾所导致的会话冲突甚至阻滞,而这种冲突甚至阻滞往往是汉语幽默话语的内在认知机制。

那么本文的研究思路与以往西方的语义研究框架又有何异同呢?

乖讹论是西方幽默研究三大经典理论中最具影响力的一个(蔡辉、尹星,2005),也是首先将语义逻辑纳入重点研究的幽默理论。Suls(1972: 82－84)的乖讹-消解“二阶段”幽默模式(Incongruity-Resolution)把某些幽默话语分解为建构和结构两个阶段:第一阶段,幽默话语中结尾信息与前文信息产生语义逻辑矛盾(incongruity);第二阶段,听话人调节该矛盾。二十年后,Attardo (1997: 410－411)将Suls的“二阶段”模式扩充为一个三阶段的“准备-乖讹-消解”模式,但其内在机制没有发生根本变化。第一个基于语言学的幽默理论是Raskin(1985)的幽默语义脚本理论(Semantic Scrip Theory of Humor)。他借用心理学研究的“脚本”概念表示无标记的认知结构,认为笑声源出于一语篇内相兼容的两个脚本之间的对立,换言之,幽默取决于两个(或更多)脚本或框架是否形成语义对立、语义重叠和语义切换。可见,无论是Suls,Attardo还是Raskin也是将会话冲突甚至阻滞视为幽默话语的内在认知机制的,但是他们无一例外的仅仅指出了这一点而没有具体的框架尤其是词汇语义框架加以深入探讨,无疑中国学者对名词语义三分的思路足以弥补既往研究的不足,顺着这样的思路,我们还可以根据国内语言学界尤其是汉语学界的研究成果,陆续对动词、形容词、副词、转折词等词类以及句式、语篇类型等展开多层次的研究,形成以语义为轴,以词汇、语法、语篇修辞为具体对象的汉语幽默话语的系统研究。

当然,这种研究以本土化的研究成果、论证方式为基础,也势必将揭示人类幽默言说方式的共性为目标,虽立足于不同的具体语料和观察视角,仅以幽默的语义研究进路而言,其互通互促、推陈出新的研究历程也足以证明“东学西学,道术未裂,南海北海,心理攸同”的学术研究宗旨和目标。

① 鲁迅:《鲁迅全集》(第8卷),人民文学出版社,第179页。

参考文献

[1] 蔡辉、尹星(2005).西方幽默理论研究综述.《外语研究》(1).

[2] 车振冬(2010).喜剧小品中的话轮转换.《内蒙古农业大学学报》(4).

[3] 陈金中(2006).相声幽默言语的"前景化"探析.《淮北煤炭师范学院学报》(3).

[4] 方传余、王蒙(2007).会话幽默中的曲解策略.《安徽大学学报》(2).

[5] 高玉兰(2001).会话含意理论在中国相声中的运用.《四川外语学院学报》(3).

[6] 贾彦德(1999).《汉语语义学》. 北京:北京大学出版社.

[7] 蒋勇(2003).从隐性空间复合论看幽默理解时的语义跃迁.《山东外语教学》(1).

[8] 焦恩红,李艳(2009).顺应理论与相声的解读.《科技信息》(36).

[9] 刘敦萍(2006).概念整合对幽默言语的阐释力.《四川外语学院学报》(4).

[10] 刘乃实(2005).关联理论视角中的幽默乖讹与消解.《解放军外国语学院学报》(1).

[11] 刘乃实、熊学亮(2003).浅析言语幽默的维护面子功能.《外语教学》(6).

[12] 鲁迅(2005).《鲁迅全集》(第8卷). 北京:人民文学出版社.

[13] 马文(2007).会话局部结构与指称阻碍的产生及修正.《外语教学》(1).

[14] 任欢欢(2010).评价理论视角下的《不差钱》语言幽默性分析.《绥化学院学报》(1).

[15] 施春宏(2001).名词的描述性语义特征与副名组合的可能性.《中国语文》(3).

[16] 孙绍振(2009).《幽默心理和幽默逻辑》. 北京:首都经济贸易大学出版社.

[17] 王德春(1997).《语言学教程》. 上海:上海外语教育出版社.

[18] 王德春(2009).论语义与认知.《外语电化教学》(3).

[19] 王慧珍(2010).从指示语看会话幽默效果的产生.《中国石油大学胜利学院学报》(1).

[20] 汪颖(2010).从RT和CB看会话幽默的生成机制.《湖北经济学院学报》(1).

[21] 尉万传(2009).幽默言语的多维研究.《浙江大学博士论文》.

[22] 吴昊,杨雪蕾(2010).喜剧小品中幽默语言的语用探析.《长春大学学报》(1).

[23] 项成东(2008).《等级幽默的语用认知研究》. 成都:四川大学出版社.

[24] 向小蕊,韦汉(2006).框架迁移理论对相声"包袱"的阐释.《天津工程师院学报》(3).

[25] 杨一(2009).积极修辞在相声中的应用.《内蒙古农业大学学报》(1).

[26] 周海明(2009).语域理论与喜剧小品的语言变异现象.《现代语文》(9).

[27] Attardo, S. (1997) *The semantic foundations of cognitive theories of humor*, *Humor: International Journal of Humor Research*, (10): 395 - 420.

[28] Raskin, V. (1985) *Semantic Mechanisms of Humour*, Dordrecht: Reidel.

[29] Schegloff, E. A. (1996) *Practices for referring to persons in talk-in-interaction: A partial sketch of a systematics*, In B. A. Fox. (ed.), *Studies in Anaphora*, *Amsterdam*: John Benjiamins Publishing Company.

[30] Suls, J. M. (1972) *A two-stage model for the appreciation of jokes and cartoonsm*, In J. H. Goldstein & P. E. McGhee (Eds.), *The Psychology of Humor: Theoretical Perspectives and Empirical Issues*. New York: Academic Press.

Mechanism of Chinese Discourse of Humor

——a domesticated case study of Chinese nouns

WANG Xiaojun

Linyi University/Shanghai International Studies University

LIN Shuai

Fujian Normal University

Abstract: The past ten years have witnessed the four angles of Chinese discourse of humor, that is, pragmatics, cognitive linguistics, cognitive pragmatics and others. But they seldom highlighted the domestic insights from Chinese scholars, which is the focus of the present research. In the live performance of Chinese cross talk and comic sketch, the cognitive conflict or controversy of noun meanings often result in humorous effect. Thus the present study probe into it by way of three respects: the descriptive, componential and referential semantic features of noun meanings with reference to Shi Chunhong and Jia Yande, two noteworthy Chinese scholars. Such domesticated probe can well foresee the likelihood of meaning as central, lexis, sentence pattern and discourse rhetoric as specified targets as far as is concerned the systematic study of mechanisms of Chinese humorous discourse.

Keywords: Chinese; humorous discourse; noun; meaning; cognitive conflict or controversy

作者简介

王晓军，男，临沂大学外国语学院副教授，上海外国语大学语言学博士生。研究方向为语用学、话语分析、兼涉外语教学研究。曾在《当代中国话语研究》、《现代外语》、《外语教学与研究》、《外语学刊》、《外语研究》、《外语电化教学》、《南开语言学刊》、《山东外语教学》、《天津外国语大学学报》、《西安外国语大学学报》、《广东外语外贸大学学报》、《外国语言文学》、《英语研究》、《外语艺术教育研究》、《复旦外国语言文学论丛》、《语言学研究》等外语类或语言类刊物独立或以第一作者发表论文 20 余篇。

通讯地址：临沂大学外国语学院/上海市虹口区东体育会路411号3号楼511室
邮　　编：276005/200083
邮　　箱：wxj290@126.com

作者简介

林帅，女，福建师范大学文学院语言学及应用语言学硕士生，研究方向为社会语言学、对外汉语教学。

通讯地址：福建师范大学(仓山校区)文学院
邮　　编：350007
邮　　箱：lshyishuihan@126.com

AIDS/HIV in China: Discursive identity construction of the first Chinese HIV college girl

◎ Zhang Hongyan, Zhu Zhijuan

China University of Geosciences

摘　要　艾滋不仅是生物医学构建体而且是社会构建体。艾滋研究多见于医学职业人员和医学学生对艾滋的认同方面(Anderson et al. 2003; Li et al. 1993)。艾滋研究对象也集中在容易受艾滋危害的群体,如毒品静脉注射者(Xia, Kreiss, and Holmes, 1994)和职业性工作者(Futures Group, 2004)。然而关于中国艾滋的社会和政治研究不多见,中国艾滋患者的话语身份构建研究更少。本研究语料是艾滋女生茱莉亚发表的《艾滋女孩日记》和她的新浪在线日记博客 http://blog. sina. com. cn/zhuliya。论文的主要理论和分析框架为福柯的微观权力论和社会身份构建论。本论文不仅拓宽了身份研究领域视野,而且提高了人们对中国艾滋患者现状的认识。

关键词　艾滋;身份;构建;福柯微观权力论;社会身份构建论

1. Introduction

In China, as in certain other societies, the topic of HIV/AIDS has been far from a straightforward medical matter. Rather, it has beenclosely bound up with social, moral and ideological structures. From the point of view of communication and discourse, the scope for talking freely about HIV/AIDS has been limited, consciously or unconsciously, and the topic itself has been interpreted—or "constructed"—in various ways that are not simply to do with health. Furthermore, and more importantly, the individuals who suffer from the disease have been limited and controlled in the ways in which they themselves can talk with others, talk about themselves, interact with others and perform as a full participant in society. The present paper seeks to explore these issues in terms of "discourse". What sorts of discourses are produced around the subject of HIV/AIDS? In order to do this, the focus is placed on an individual case study. But this very focus on an individual case means that discourse on and around HIV/AIDS in turn intersects with another aspect of discourse within a society, specifically in this case, Chinese society — namely, the position of an individual — based discourse in a culture that preeminently values collectivity and conformity. This is not accidental, or a mere consequence of the use of an individual case study. The discourse on and around HIV/AIDS is intrinsically and inevitably linked to individual experiences, and the efforts of individuals to come to terms with their role in and relation to society. We begin by surveying recent literature that has taken a broadly "constructivist" view of HIV/AIDS as a social as well as medical phenomenon.

HIV/AIDS is a social as much as a biomedical construct. There is a great deal of research now being done to assess the awareness of HIV/AIDS among different populations, such as medical professionals and students (Anderson et al. 2003; Li et al. 1993). There is also a growing body of literature examining the behavior and attitude of groups thought to be particularly vulnerable to HIV/AIDS, including groups such as intravenous drug users (Xia, Kreiss, and Holmes, 1994) and commercial sex workers (Futures Group, 2004). The identity constructions of AIDS/HIV people have also been widely studied by, sociolinguists, linguists, sociologists, and cultural critics, who have variously examined the representation of AIDS/HIV people in the media, health discourses and statements of public policy. A range of philosophically and sociologically theoretical frameworks have been applied. Jones (1997, 1999, 2003, 2005) has given an exhaustive survey of this work, from which I now briefly summarize some key points. Popular images often rest on a "triple stigma": the biological mark of illness, the "blemish" of individual character and the "tribal stigma" of association with already stigmatized groups, especially homosexuals, drug users, and prostitutes (Brandet, 1988). The metaphors common in AIDS discourse involve images of war, poverty, deviance and criminality, the most general implication of which is that people with AIDS are identified as alien, invaders, predators and enemies of the "moral" order (Alcorn, 1988; Rose, 1989 and Sontag, 1989). However, some analysts (e. g. Plummer, 1988; Goldstein, 1991 and Lupton, 1994) argue that the construction of HIV/AIDS in the media is often organized around contradictory structures, in which the opposing roles of innocent victim and guilty agent co—exist. In a similar way, Jones (1997) notes that in the identities projected in advertisements directed at HIV — positive individuals and people with AIDS there exist conflicting images of hope and fear, power and weakness, innocent and guilt.

Emphasizing the"political stakes" involved in such construction, Plummer says:

A whole gallery of folks have been introduced—the sex crazed gay, the dirty drug abuser, the filthy whore, the blood drinking voodoo—driven black - side by side with a gallery of 'innocents'-the hemophiliacs, the blood transfusion 'victim', the new born child, even the 'heterosexual'"[①](Plummer, 1988: 45-6).

Discourse characteristics such as these contribute to the definition of "deviance" and thus to the moral boundaries of a particular social order in the perspective of certain groups, perhapshegemonic groups.

However, the majority of the studies mentioned above focus on the discourse directed towardsthe general population, that is, the people not having AIDS/HIV (Plummer, 1987, 1988; Brandet, 1988; Alcorn, 1988; Rose, 1989; Sontag, 1989; Goldstein, 1991 and Lupton, 1994). Though Jones (1997) touches on the identity of people with AIDS/HIV within the "AIDS/HIV community" itself by analyzing fifty advertisements from three popular American magazines for gay men over a period of 7 months, his research (1997, 1999, 2003, 2005) only focuses on the discursive identity of AIDS/HIV gays in Hong Kong, examining various data, such as AIDS/HIV on—line forums and blogs, AIDS/HIV pamphlets, and stories derived from a diary study of gay male sexual behavior in Hong Kong. There is even less written about the more social and political side of HIV/AIDS in the mainland of China, let alone the discursive identity of HIV/AIDS people in the mainland of China.

This paper focuses on thecase of a female Chinese student in college suffering from HIV and on the way in which she constructed her discursive identity. Why do we like to focus on one particular case? A good reason for this type of case study is that it shows the possibility for an individual to use the public space of the internet to present oneself in ways that are new in mainland Chinese society, ways that may involve rather fundamental social and ethical norms relating to gender, sexuality and disease. It shows how an individual can present herself and re—present herself over a period of time. The

---

① Plummer, Kenneth, *Organizing AIDS*. In Peter Aggleton & Hilary Homans (eds.) *Social Aspects of AIDS*, Falmer, 20-51.

paper analyzes the text of *The Diary of an AIDS Girl* written by the sufferer, Zhu Liya and her on－line diary in her blog at http://blog.sina.com.cn/zhuliya. The general theoretical framework of the analysis draws much from Foucault's micro－power theory, and more specifically from social constructionist identity theory. Beyond these aims, the present study aims not only to broaden the research field of identity, but also to raise awareness of the current state of HIV/AIDS people in China.

2. AIDS/HIV in China

Before processing the data of *The Diary of an AIDS Girl* by Zhu Liya and her on－line diary in her blog http://blog.sina.com.cn/zhuliya., it is helpful to sketch the background against which it came out and against which the current situation of AIDS/HIV in China was developed.

China's first related AIDS death was that of Oscar Messina, an Argentine tourist living in America who died of a lung infection and respiratory failure in Beijing in July 1985 (Times, 1985). Prior to 1989, only 32 cases of infection had been reported nationally (Zheng et al., 1994: 1141). From 1994, AIDS has been centered on transmission through plasma donation. From the late 1980s through to the mid 1990s, small－scale official and unofficial blood product companies mushroomed in rural area of China, notably parts of Henan. Before introduction of HIV antibody testing in 1995, conditions favored the spread of HIV through contaminated clinic equipment ①(Wu, Rou and Detels, 2001: 42) and the practice of pooling blood, extracting plasma and then redistributing the remains among different donors ②(HRW, 2003b: 61). Exact HIV infection figures are impossible to give due to inadequate reporting and surveillance procedures, though Gao Qiang, Executive Vice Ministry of Health, reported 840, 000 people living with HIV at the end of 2003. Other estimates claim that there may be as many as 1 million in Henan alone; estimate of 1－1.5 million are common, and UNAIDS estimates that there could be 10 million by 2010 if preventive measures are not taken.

---

① Wu, Rou and Detels: *Prevalence of HIV infection among former commercial plasma donors in rural eastern China. Health Policy and Planning* 16(1): 41－46.

② HRW: *Locked doors: the human rights of people living with HIV/AIDS in China. Human Rights Watch*. 2003b: 61

Zhu Liya was reported by"China Daily" as the first college student to have made herself known to the public as an HIV carrier. She contracted HIV in 2003 as a result of sexual intercourse with her foreign boyfriend when she was studying in a Chinese university. The social consequences for her, given the nature of her social environment were serious. However, far from wallowing in despair or accepting disgrace, she took an active approach to her predicament. First, she posted her experience on the Internet, calling for young students to learn from her experiences. This led to much heated and fruitful discussion on HIV and AIDS issues. On January 10th, 2006 Zhu Liya's book *Diary of an AIDS Girl* was published.

The question that I now address is how Zhu Liya presented and re—presented herself linguistically, language being the sole symbolic resource available for her internet communication. ①

3. Theoretical Framework

The theoretical framework draws from Foucault's micro—power theory and social constructionist approach to identity.

3.1 Foucault's Micro—power Theory

Foucualt's work and philosophy is mentioned in all of the social, political, cultural, and linguistic studies that deal with questions of power. Foucault argues that power is not simply physical violence but also has a specific cultural form. For Foucault, power is manifested through knowledge. This implies that power is not derived from physical or economic force and is not the sole possession of a dominant group that is used to subdue a repressed group.

Foucault focuses on a number of questions that make his ideas relevant to the way power is understood. For example, he asks inFoucault (1983: 216 - 217). "By what means is [power] exercised?" and "What happens when individuals exert [⋯]power

① The internet does of course allow for visual symbolic resources also, but these were not used by Zhu Liya.

over others?") Regarding how power is exercised, Foucault's work claims[①](as noted byHabermas, 1987: 266 - 293) that the common factor in the different types of conflict against power are related to opposition power viewed as a "technique." These "techniques" are in institutions and organizations that develop historically over period of time. The "techniques" can be thought of in linguistic terms as kinds of "speech event," although that is not how they are exactly characterized by Foucault. What Foucault mentions are practices such as categorization, surveillance, and documentation of individuals and populations, all of which are in fact realized through the regularized use of language. Foucault's approach is thus of direct relevance to the way in which a new disease HIV/AIDS, is understood, constructed and managed by a particular society. Our focus in this paper, however, is slightly different. What is at issue is the experience of an individual confronting the existing and emergent structures of a society with respect to the new disease.

To return to the definition of power as knowledge, let us consider further the role of language in Foucault's perspective. How did Foucault describe the relationship among knowledge, ideology and language? Foucault's conceptualization of ideology is termed "regime of truth" [②](Foucault, 1980:132). He (1980:133) further defines "truth" as a "system of procedures for the production, regulation, distribution, circulation and operation of statements." Furthermore, Foucault's notion of the "regime of truth" is not only ideological but also a necessary condition for the formation and development of capitalism, while at the same time operating in socialist countries. We might, for instance, think of "the regime of truth" of AIDS/HIV as a "system of procedures for the production, regulation, distribution, circulation and operation of AIDS/HIV statements" in Foucault's terms (1980:133). "The regime of truth" of AIDS/HIV can be operated and developed in socialist countries as well as capitalism countries.

As far as the relation of language to power is concerned, one might conclude that Foucault reduces its role, since he explicitly distinguishes "power relations from

---

① Habermas, J.: *The philosophical discourse of modernity: twelve lectures*. (originally published in German in 1985, translated by Fredrick G. Lawrence). Cambridge, MA: The MIT Press,266 - 293.

② Foucault, M.: *The order of discourse*. In M. J. Shapiro (Ed.), *Language and Politics*. Oxford: Basil Blackwell,132.

relationships of communication which transmit information by means of a language, a system of signs, or any other symbolic medium" (1983:217). On the other hand, the role of language is emphasized in the assumption that these two relationships, together with the objective capacities of economic production, always overlap one another, support one another reciprocally, and use each other mutually as the means to an end ① (Foucault, 1983:217-218).

The question then arisesas to what is the operation of a particular kind of social power that is linked to discourse and to language. Foucault gives an answer in his early works in which he takes discourse as his starting point:

> Of the three great systems of exclusion governing discourse - prohibited words, the division of madness, and the will to truth-I have spoken at greatest length concerning the third… if we ask what is, in its very general form, the kind of division governing our will to knowledge-then we may well discern something like a system of exclusion (historical, modifiable, institutionally constraining) in the process of development. (Foucault, 1972:218-219)

It is in this vein that Disanayakedescribes Foucault (1980) as arguing that

> Language, far from being a neutral and value—free medium, is a concealed subjective power that communicates experience, delineates reality and imposes notions of worth. ②(Disanayake, 1993:337-338)

If this is a correct interpretation of Foucault, it appears that his notion of discourse can be compared roughly with the position of critical discourse analysis, which emphasizes the context of language, and also emphasizes a view according to which there is a dominant group which controls a subordinate group by discursively disseminating ideologies that contribute to maintaining the asymmetrical power relationship. It is also relevant to note that in this interpretation Disanayake brings to the notions of worth—precisely those areas that are under examination in our case study. What Zhu Lia confronts in the initial phase of her HIV/AIDS experience is imposed notions of worth.

---

① Foucault, M.: *The order of discourse*. In M. J. Shapiro (Ed.), *Language and Politics*. Oxford: Basil Blackwell, 217-218.

② Disanayake, W.: *Symposium on power, politics, and English*. *World Englishes*. 12.2:337-338.

If we ask how Foucault thinks the "techniques" of discourse operate, we can construct the following ideas that are relevant to the approach of thispaper. Foucault's (1984) critical analysis of discourse includes the notions of exclusion, of limitation and of appropriation. The forbidding of certain forms or occasions of speech is the most obvious type of "exclusion". The procedures of "limitation" are the part of discourse that exert control over the interpretation and understanding of surrounding discourse. For the purposes of the paper, this might be understood, for example, as restrictive interpretation of organizational rules, constitutions or legal documents in terms of AIDS/HIV. "Appropriation" might be understood as the procedures which permit the control of discourse in terms of the speaking subjects (Foucault, 1984).

Thesignificance of Foucault's works in relation to the present study is that they provide the basis for the idea that power is knowledge, and suggest ways in which this idea can be understood in terms of a linguistic approach to discourse. This is the case, for example, for Foucault's view that discourse is a phenomenon involving exclusion, limitation, prohibition imposed on what can be said, indeed also on what can be felt, and restrictions placed on access. However, Foucault does not illustrate the exact way in which social change and practice are affected by the use of language, that is to say, by discourse.

3.2 Social Constructionist Approach to Identity

Different theoreticalapproaches have generated a diversity of definitions of the concept of identity. Dozens of books and hundreds of specialized articles on identity issues have appeared in many journals and collections. However, as a category of practice, identity is hard to define. Identity can be taken to mean "who someone is or the qualities and attitudes you have that make you feel you have your own character and are different from other people" (Longman Dictionary of Contemporary English, 1997). The term is used by social actors to make sense of themselves, their activities, of what they share with others, which groups they belong to, and how they differ from others in some daily settings. In the present approach, identity is not seen as constructed in a vacuum. Identity is viewed as constructed rather than given, unstable rather than stable. It involves multiplicity rather than monism, continuity, change and fluidity rather than stability.

There are many influential approachesto the study of identity, including Labovian variationist study of identity, the social constructionist approach to identity, narrative construction of identity, the temporal and spatial dimensions of identity and so on. It is not necessary here to review of all these approaches in detail. What follows is a summary of the identity study approach adopted in the present paper - social identity construction through language.

Social constructivism sees social and discursive practice as active process of production, reproduction and transformation of social structure. A social constructionist model argues that language itself is not a neutral medium mapping directly on to an external reality, but an instrument of social construction and partly constitutive of social reality. Through language, people's understanding of the world attains meaningful existence. With language, it is possible for representations of reality to be created that are never reflections of a pre—existing reality, but constructions, or construals, of that reality. Physical objects gain meaning through discourse. The ascription of meaning in discourse works to constitute and change the world. The social world in particular is changed through the changes in discourse, because changes in discourse can give rise to, or be part of, social struggles that either change or reproduce social reality[①](Jorgensen and Phillips, 2002:9).

The relationship between the individual and the collective mass of society is a complex matter. A social constructionist perspective construes individuals as actively positioning themselves, within a collective context in which they negotiate with pre—existing or imposed constructions. Here, the individuals are viewed as subjectively constructing these discourses. In doing this, they construct themselves as those who are accountable for their actions and words. Identity is considered as positioning in socially and culturally available discourses, and as the meeting point of discourses and practices that call us into place as the social subjects of particular discourses (Hall, 1996, cited in Xiang). Here, the identities are regarded as the product of prevailing discourses that are tied to social arrangements and practices; the positions people adopt tie them into those social practices.

Social identities "exist and are acquired, claimed and allocated within power relations"[②] (Jenkins, 1996: 25). The particular case of HIV/AIDS confirms these

---

① Jorgensen and Phillips: *Discourse analysis as theory and method*, Sage, 9.

② Jenkins: *Social identity*, Routledge, 25.

general claims. The exercise of power is indispensable for the construction of identity, especially for the HIV/AIDS people's identity construction. HIV/AIDS has been endowed with a considerable amount of moral construction, suggesting various possible forms of social judgment and attempts to control. Thus, it is possible to say that HIV/AIDS people have been struggling in power relations from the first emergence of HIV/AIDS. Zhu Liya's HIV discursive construction of identity can therefore usefully be seen within the Foucaultian perspective of micro—power and power relations.

4. Interpreting Zhu Liya's diary

In the present article we are not undertaking detailed linguistic analysis. Rather we first useFoucault's general perspective in order to characterize the positioning of Zhu Liya's discourse within the overall "regime of truth" concerning HIV/AIDS that prevailed in China at the time when she was confronted with the need to understand herself and her identity in relation to it. The form of Zhu Liya's discourse is of course narrative, consistent with the constitutive conventions of genre of autobiography or "the diary". In fact elements of both these related genres are present, and both derive from traditional practices. Moreover, both can be viewed as conventionalized ways of "writing the self". The function of autobiographic narrative is, one might argue, to build or construct the contours of the self. It is an interactive form in which the writer partially objectivizes herself, not only for her own gaze and scrutiny, but potentially also for the gaze and scrutiny of others. At the same time, others are not separated from the narrator, nor is the narrated self alone in a vacuum, but rather portrayed as already interacting in a social complex. We have, therefore, —and this is evident in Zhu Liya's text, a self depicting herself interacting with the structures of knowledge and power in her contemporary social situation — already this is an interpretation and construction within the publicly presented text. What is perhaps significantly different from the traditionally published print format is that the internet readership is both more remote and yet closer: response is potentially more immediate and feedback into the narrative is also possible.

As we have seen, Foucault argues that power is not simply physical violence but also has a specific cultural form. For Foucault, power is manifested through knowledge.

In our case study power is manifested through knowledge of AIDS/HIV-or to be more specific, the author of the diaries, Zhu Liya, is interacting with power through what she knows and how she presents or re—presents knowledge about HIV/AIDS and herself as a sufferer of this disease in Chinese society. Foucault claims that power is exercised by "technique"①(cf. also Habermas, 1987: 266 - 293). These "techniques" of AIDS/HIV are in institutions and organizations that develop historically over a period of time. The "techniques" of AIDS/HIV here can be thought of in linguistic terms as kinds of "speech event." that operated through exclusion, limitation and appropriation of what can be said. We are thus talking about ideology, for in Foucalut's definition ideology is a "regime of truth"②(Foucault, 1980:132), that is, what can be said and regarded as truthful within a social regime. In this sense, the "truth" about AIDS/HIV can be seen as a "system of procedures for the production, regulation, distribution, circulation and operation of AIDS/HIV statements"③(Foucault 1980:133). The question now is: How does Zhu Liya interact linguistically "with this regime of truth"? Which in turn means, what linguistic selections does she make in order to construct her own identity in relation to other existing constructions of "the AIDS/HIV sufferer"? We approach these questions now by examining the detail of her selections of the language (Chinese) that she is using.

4.1 Confronting the diseased subject

We can view the label "HIV/AIDS" as creating a category of thebiomedical self. In the diary's narrative we find some statements which refer to this conception of self. . For instance,

(1) 当我还是大学生的时候,我听说过爱滋病,我想它离我是很遥远的,永远也不会发生在我身上.(When I was a college girl, I heard of AIDS. I think it is far away from and me and will never occur to me.)

---

① Habermas, J.: *The philosophical discourse of modernity: twelve lectures*. (originally published in German in 1985, translated by Fredrick G. Lawrence). Cambridge, MA: The MIT Press, 266 - 293.

② Foucault, M.: *Power/Knowledge: selected interviews and other writings* 1972 - 1977. (edited by Colin Gordon, translated by Colin Gordon, Leo Marshall, John Mepham, Kate Scoper), Pantheon Books, 132.

③ Foucault, M.: *Power/Knowledge: selected interviews and other writings* 1972 - 1977. (edited by Colin Gordon, translated by Colin Gordon, Leo Marshall, John Mepham, Kate Scoper), Pantheon Books, 133.

Inthis kind of statement we can see that Zhu Liya had heard of AIDS and thought it as a distant category that did apply to her—i. e. that was irrelevant to her understanding of herself. HIV/AIDS here can be interpreted as a biomedical self which has nothing to do with Zhu Liya herself, and she presents it in terms of a spatial metaphor that metaphorically positions her self as distant and remote from the category ("遥远的"). It seems that she is describing a situation in which she accepted HIV/AIDS as an objective social category that did not include her. Indeed, the wording of her discourse presupposes a different, quite specific and probably stereotypical self-categorization, that of "college girl" ("大学生" in Chinese). The "AIDS" label is a category appears in the text not only as spatially remote but also atemporal, simply outside the narrative time of her autobiography: "it will never occur to me" ("永远也不会发生在我身上").

As we have argued above, HIV/AIDS is a socially constructed category of knowledge in addition to being a biomedical category. This socially constructed category is closely linked with emotional attitudes—the public's apparent horror and loathing of HIV/AIDS. At least such fear is evident as an explanation for the certain types of practice that emerged in response to the victims, even if it was not overtly acknowledged or expressed. In the context in which Zhu Liya encountered AIDS, there were in the public mind (to the extent one can talk of such an entity) two salient facts, two salient pieces of knowledge. What people in general knew was that the HIV virus progressively destroyed or damaged the cells of the body's immune system, progressively destroying the body's ability to fight infections and certain cancers, leading slowly to death. What was also known to the public was that there was currently no vaccine and no cure for HIV/AIDS. These pieces of information are, of course, part of the knowledge structure and is of course produced by the way in which information is controlled and disseminated by media and other mass communication agencies①. It is thus also part of the power

① (1) Public, Health Ministry, Ministry of Foreign Affairs, Ministry of Public Security, State Edcation Commission, National Tourist Administration, Civil Aviation Administration of China, and Foreign Exports Bureau. 2004. *Certain Regulations on Monitoring and Control of AIDS* 1988 [cited 15-06 2004]. Available from http: //www. novexcn. com/control of aids. html. (2) Shanghai, Municipal People's Government 2004. Procedure of This Municipality on the Prevention and Treatment of AIDS 1998 [cited 15 - 06 2004] . Available from http: //www. shanghai. gov. cn/gb/shanghai/node8059/Rules and Laws/userobject6a. 894. html.

structure. Subjectively, lack of further more specific knowledge about HIV/AIDS leads to public anxiety and concern in terms of transmission which heightens the emotional content of the category.

Such were the discourse conditions at the time of Zhu Liya's first diagnosis and emerging self—awareness, and such were the knowledge—power structures in relation to which she had to position herself. In the following passage from Zhu Liya's diary, the writer is adopting a different kind of stance towards HIV/AIDS.

> (2) 因为现在屡遭歧视的例子特别多,当一般的病人在医院治疗,明摆着是属于其他医疗科的病人,倘若一旦被得知是艾滋病,便会立刻被转到传染科。不顾病人的生命危险,不顾病人的感受。像一些地方的医生就强迫病人一定得把床上用品先买下来,等不用的时候再烧掉。在学校里如果老师得知某个学生是艾滋病患者的孩子,就会把他安排到最后一排,如果是大学生就会像我一样被劝退学,公司职员就会被辞退。(The HIV/AIDS people are frequently discriminated against. Once a patient is found to be an HIV infector, he will be immediately transferred to the infection room regardless of the patient's security and feeling. In some hospitals, the doctors force them to buy the bedding, then burn it when the HIV/AIDS people leave. At school, the HIV/AIDS people's children will be arranged in the last row of the classroom. The infected college students like me, will be persuaded to leave and the HIV infected employees will be dismissed.)

In these parallel statements, we seeZhu Liya describing the way AIDS sufferers are treated, in effect within the discursive regime, to use Foucault's term. The writer here describes the treatment of HIV/AIDS sufferers within institutional settings. She herself appears in this description, almost incidentally, as absorbed into the category of diseased subjects. However, although objectivized, the described facts are "framed" the opening sentence of the quoted passage, in which the reader is oriented to a view of the described practices as forms of (implicitly unfair) discrimination. Further, instead of viewing HIV/AIDS as an abstract objective category, imposed by a medical bureaucracy, she speaks of "HIV/AIDS people", "patients", their children and "employees", "college students". They are predominantly presented as victims—as people to whom things are done, for example, by doctors or by anonymous officials. Biomedical categories are still used: infector and infected, for example. The actions to which they are subjected are, however, implicitly presented as wrong. She is re—presenting the members of the social identity category. In one crucial phrase she objectivizes herself as a member of the sub—category "infected college students like me" ("如果是大学生就会像我一样"). In contrast with the first passage quoted above, we now see Zhu Liya self—categorizing in a modified form—as a member of the category "infected college student". This is a blended category that forces together two incompatible stereotypes—that of the HIV/AIDS victim perceived in the way described in the last paragraph and that of the "college girl", a category loaded with many associations and expectations in the discourse space of contemporary Chinese society.

4.2 Re—constructing the self

In the existing discursive regime that Zhu Liya has to confront, the social category HIV/AIDS sufferers who are constructed as including particular social sub—categories, labeled "high risk groups". These members, in the construct, are homosexuals, prostitutes, drug addicts, lazy and poor people in terms of HIV/AIDS transmission modes. It is reported that the first HIV/AIDS sufferer in China could be a homosexual. These social categories all have their own stereotypes within the wider social discourse.

Given such discourse about HIV/AIDS sufferers, the conferred identity of a sufferer like Zhu Liya was inconsistent with the category "college student". Zhu Liya's narrative presents the practical consequence in an objectivised perspective.

> (3) 最后谈的结果是:我必须到外面租房子住,把剩下的书都领了,赶紧把大三大四的课程学完,毕业论文写完。这样我就可以毕业了,也就是说我不能正常到教室去上课。(The negotiation result was that I must live in a rented room, bring back the rest of the books to finish the third year and the fourth year's courses myself and finish the graduate paper. Thus I could graduate from university. That is to say, I could not go to the classroom to take classes as usual.)

Zhu Liya is here paraphrasing the university faculty leader's words after her HIV identity was confirmed, that is, confirmed under the prevalent knowledge — power regime. According to the leader, she had to live outside the school, finish the third and fourth year courses and the graduate paper herself. Then she could graduate from university. Obviously, her usual study at university was affected by the fact that she was infected with HIV. She could not go to the classroom to take the normal study together with her classmates. Symbolically, she is spatially excluded from the social category to which she had formerly belonged, although presumably the discursive justification for this was the (medically unjustified) fear of contamination. What is interesting, however, is that Zhu Liya resisted this power structure by "negotiating" a compromise that enabled her to finish her studies.

The purpose of Zhu Liya's internet diary appears to be to challenge and to re-construct prevailing practices by re-constructing the prevailing discourse. Her narrative tells how, as the result of the negative HIV/AIDS label, Zhu Liya first conceals her HIV identity. Subsequently she makes a conscious decision to stand up in public to join the battle against the disease instead of keeping silent and withdrawing from society.

(4) 我要把我的日记传到网上，让更多的人看到，为的就是让他们了解一下艾滋病患者是如何在痛苦中煎熬的，让他们更加热爱自己健康的生命。(I would upload my diaries to the Internet to make more healthy people know the suffering of the HIV/AIDS people and to make healthier people cherish their health.)

Informally, this extract can be seen as constituting a decisive discursive move on several levels. First, it indicates a deliberate choice of communicative channel, the Internet, as part of an aim to reach as big an audience as possible. Secondly, it asserts that personal diaries have already been written, which means that the decision to upload them to the Internet can be regarded as a decision to reveal a self concealed from the public. And third, two specific purposes are stated in relation to two particular kinds of audience - revealing the emotional and physical state of mind of a HIV-positive person and seeking to convince and persuade non-sufferers to protect their health. The two goals are respectively egocentric but appear to be conceived as complementing one another and together constituting re-definition of the writer's self. This reconstitution of the self is purely verbal, since the Internet is, at least in the way Zhu Liya uses it, a purely written linguistic medium. Indeed, one of the reasons for studying this case is that it enables us to focus on a purely verbal effort to project representations of self.

Foucault's works from the 1960s to the 1980s show that power is diffused within a net-like organization. Power is much more abstract, in Foucault's definition than any previous theorist's description. Power is not necessarily a conscious, intentional application of force. It can be relationships between components of a society or the relations between societies. This subtly makes the analysis of power, more complex and yet more engaging. Social norms and social standards are not laws but they have power and they can regulate human doing and saying. And sometimes they even imprison the spirit of people.

However, the public are not aware of the disciplinary power, which is the system of surveillance that is interiorized to the point that each person is his or her overseer. And the disciplinary power forms part of the intensifying surveillance and seeks to control the individual. However, individuals are not entirely pinned down with a web of power. They can also position themselves in simultaneously undergoing and exercising power. At the very heart of the power relationship, and constantly provoking it, are the recalcitrance of the will and the intransigence of freedom. Every power relationship implies a strategy of struggle.

Social norms and social standards, as forms of power, have the capacity to define and delimit the identities of HIV/AIDS people. However, wherever power exercises itself, there is always resistance. When social norms and social standards label or categorize HIV/AIDS people, such individuals, as part of the mechanism of the power relationship, will struggle to resist the bounds and boundaries placed around them. This can be clearly seen in the form of Zhu Liya's diary.

5. Conclusion

We have started from the premise that HIV/AIDS is a social as much as a biomedical construct and have argued that a medical discourse of this type can come into being as a result of discourse process that may have little or nothing to do with biomedical facts. Foucault's framework has provided a useful broad—brush approach for establishing the lines of this approach. We have further, however, claimed that more is needed and have drawn on Ricoeur's approach (Ricoeur, 1991) to narrative to further elucidate how discourses can be both established and challenged. Even more specifically, we have taken the position that since discourse, especially in its internet manifestation, is intrinsically and necessarily a function of language in use, and since use of language means selection of meanings from the coding resources of grammar and the lexicon, it is essential to at least begin a detailed examination of the verbal structuring of identity formation. Zhu Liya's diary clearly shows a dynamic and multifarious structuring and restructuring of talk about the self. The integration of an individual in society is a reciprocal process in which identities are constrained and creatively self - produced. What is of considerable interest in the context of the present paper is that evident fact that in the public forum of the internet the identity (or identities) of a single individual can be constituted by, and also constitute, a form of discourse that is in fact new, innovative, creative and may implicitly challenge dominant official discourses.

Zhu Liya's discursive identity construction is dynamic, moving from concealing her identity as HIV/AIDS carrier to revealing this identity and subsequently rebuilding it and re—inscribing it into social discourses, with the conscious self—defining aim to reduce discrimination against HIV/AIDS people and increase public understanding and sympathy for them. Her reconstruction of public identity may contribute to the construction of "the harmonious society" in China. This case study too, it is hoped, may raise awareness of the current state of HIV/AIDS people in China.

References:

[1] Alcorn, K. (1988) *Illness, metaphor and AIDS*. In Peter Aggleton & Hilary Homans (eds.) *Social Aspects of AIDS*. London: Falmer.

[2] Anderson (et al.) (2003) *Human immunodeficiency virus knowledge and attitude among hospital—based health—care professionals in Guangxi Zhuang Autonomous region, People's Republic of China. Infection Control and Hospital Epidemiology*. 24 (2).

[3] Brandt, A. M. (1988) *AIDS: From social history to social policy*. In Elizabeth Fee & Daniel.

[4] M. Fox (ed.) (1994) *AIDS: The Burdens of History*. Berkeley: University of California Press.

[5] Disanayake, W. (1993) *Symposium on power, politics, and English. World Englishes*. 12(2).

[6] Foucault, M. (1980) *Power/Knowledge: selected interviews and other writings* 1972 - 1977. (edited by Colin Gordon, translated by Colin Gordon, Leo Marshall,

John Mepham, Kate Scoper). New York: Pantheon Books.

[7] Foucault, M. (1984) *The order of discourse*. In M. J. Shapiro (Ed.), *Language and Politics*. Oxford: Basil Blackwell.

[8] Fowler, R., Hodge, B., Kress, G.. and Trew, T. (ed.) (1979) *Language and Control*. London: Routledge & Kegan Paul.

[9] Futures Group, E. (2004) 2001 *behavioral surveillance survey in Yunan and Sichuan: sex worker report*. Futures Group, Europe, 2002 [cited 15 - 07, 2004].

[10] Goldstein, R. (1991) *The implicated and the immune: Responses to AIDS in the arts and popular culture*. In Dorothy Nelkin, David P. Willis, & Scott V. Parris (eds.) *A Disease of Society: Cultural and Institutional Responses to* AIDS. Cambridge: Cambridge University Press.

[11] Habermas, J. (1987) *The philosophical discourse of modernity: twelve lectures*. (originally published in German in 1985, translated by Fredrick G. Lawrence). Cambridge, MA: The MIT Press.

[12] HRW. (2004) *Locked doors: the human rights of people living with HIV/AIDS in China*. *Human Rights Watch*. 2003b.

[13] Jenkins. (1996) *Social identity*. London and New York: Routledge.

[14] Jorgensen and Phillips. (2002) *Discourse analysis as theory and method*. *London*: Sage.

[15] Jones, R. H. (1997) *Marketing the damaged self: the construction of identity in advertisements directed towards people with HIV/AIDS*. *Journal of Sociolinguistics*. 1 (3).

[16] Jones, R. H. (1999) *Mediated action and sexual risk: Searching for culture in the discourses of HIV and homosexuality in China*. *Culture, Health and Sexuality* 1 (2).

[17] Jones, R. and Candlin, C. N. (2003) *Constructing risk along timescales and trajectories: Gay men's stories of sexual encounters*. *Health, Risk and Society* 5 (2).

[18] Jones, R. (2005) *"You show me yours, I'll show you mine": The negotiation of shifts from textual to visual modes in computer mediated interaction among gay men*. *Visual Communication* 4(1).

[19] Li et al. (1993) *HIV—related knowledge and attitudes among medical students in China*. *AIDS CARE*. 5 (3).

[20] Lupton, Deborah. (1994) *Moral threats and dangerous desires: AIDS in the*

News Media. London: Taylor & Francis.

[21] Plummer, K. (1988) *Organizing AIDS*. In Peter Aggleton & Hilary Homans (eds.) *Social Aspects of AIDS*. London: Falmer.

[22] Ricoeur, P. (1991) *Narrative identity*. *Philosophy Today*. 35 (spring).

[23] Ross, J. W. (1989) *Ethics and the language of AIDS*. In Eric T. Juengst & Barbara A. Koenig (eds.) *The Meaning of AIDS*. New York: Praeger.

[24] Sontag, S. (1989) *AIDS and Its Metaphors*. New York: Farrar Strauss Giroux.

[25] Simpson, P. (1993) *Language, Ideology and Point of View*. London: Routledge.

[26] Times, The New York. (1985) *China Says Argentine Died of AIDS*. *The New York Times*, 30-07,5.

[27] Zheng, X. W., J. K. Kreiss & K. K. Holmes (1994) *Risk factors for HIV infection among drug users in Yunan Province, China: association with intravenous drug use and protective effect of boiling reusable needles and syringes*. *AIDS* 8.

[28] Xiang, Y. H. (2006) *From From the half sky to the socially marginalized: A sociolinguistic study of the multiplicity of laid off women workers' identity*. PhD. Dissertation. Nankai University.

[29] Wu, Z. Y., K. M. Rou & R. Detels. (2001) *Prevalence of HIV infection among former commercial plasma donors in rural eastern China*. *Health Policy and Planning* 16(1).

[30] Zheng (et al.) (1994) *Injecting drug use and HIV infection in southwest China*. *AIDS* 8.

中国首例爱滋女大学生话语身份构建

张红燕　朱志娟
中国地质大学

Abstract: HIV/AIDS is a social as much as a biomedical construct. Much research has already been done to assess the awareness of HIV/AIDS among different populations, including medical professionals and students (Anderson et al. 2003; Li et al. 1993). There is also a growing body of literature examining the behavior and attitude of groups thought to be particularly vulnerable to HIV/AIDS, such as intravenous drug users (IDUs) (Xia, Kreiss, and Holmes, 1994) and commercial sex workers (CSWs) (Futures Group, 2004). However, there is less written about the more social and political side of HIV/AIDS in China, let alone the discursive identity of HIV/AIDS people in China. The paper analyzes the text of The Diary of an AIDS Girl written by the sufferer, Zhu Liya and her on-line diary in her blog at http: //blog. sina. com. cn/zhuliya. The general theoretical framework of the analysis draws much from Foucault's micro-power theory, and more specifically from social constructionist identity theory. Beyond these aims, the present study aims not only to broaden the research field of identity, but also to raise awareness of the current state of HIV/AIDS people in China.

Keywords: HIV/AIDS; identity; construction; Foucault's micro-power theory; social constructionist identity theory

About the author

Dr Hongyan Zhang is a professor of English in the school of foreign languages in the China University of Geosciences. She received her PhD in linguistics from Nankai University in 2006. From 2007 to 2008 she worked as a post-doctoral researcher, funded by the China Scholarship Council, in the Department of English Language and

Linguistics at Lancaster University, under the supervision of Professor Paul Chilton and Professor Ruth Wodak. She has published more than thirty papers on applied linguistics and has successfully completed more than twenty projects funded by her university and by the Higher Education Department of Hubei Province of the P. R. C.. Her principal academic interests are critical discourse analysis, pragmatics, and socio—linguistics. Her recent article is "Critique across Cultures: some Questions for CDA" appeared in the journal Critical Discourse Studies. 8: 2, 95-107, 2011/4.

Postaladdress: English Department, school of foreign languages, China University of Geosciences, Wuhan City, Hubei Province, The People's Republic of China.

Postal number: 430074

Email address: fayezhang1004@126. com

Zhu Zhijuan is a MA student of applied linguistics in the School of Foreign Languages in China University of Geosciences. She has published five papers on discourse and culture.

书 评

“跨文学研究”：一种另类书写的姿态
——读高玉《“话语”视角的文学问题研究》

◎陈 珏

浙江大学

偶于网上看到一书，题为《服饰话语与中国现代小说》，深感“话语”一词已新鲜了很久，而终于成为研究者和读者都耳熟能详的术语。人们常常浑然不觉地把它挂在嘴边，似乎对其内中涵义了然于心，可细究起来，却又有不少学者对其涵义含混不清，滥用甚至误用“话语”一词，用它来描述一些并不含有语言活动的社会或文化现象（施旭，2010：4），比如“服饰话语”。以至于每每看到“××话语”一类标题时，总会下意识的打个问号。乍看高玉教授标题为“‘话语’视角的文学问题研究”的专著，“怀疑”也未能幸免。是追赶潮流的“不实”之作？亦或是人云亦云的“平庸”之作？带着如此这般的“不怀好意”，开始细读这洋洋洒洒48万字的力作。

掩卷沉思之际，之前的疑虑随之消散；但是却也竟然找不到一个恰当的词可以为这本书做一个妥帖的注。从古到今，从中到西，从历史、哲学到文学，作者就在这样一个有限的文本里，纵横驰骋，给我们呈现了一个纷繁的“话语”世界。用作者自己的话说，他享受着“写作的痛感”以及“痛感”过后“收获”的快乐。痛并快乐着，“遭遇”这样的著作，对于读者也是极大的考验。

一、另类的书写：形散神不散

与作者前一部著作《现代汉语与中国现代文学》一样，《“话语”视角的文学问题研究》延续了从语言的思想层面研究文学的思路，“避免传统的‘形式’和‘内容’二元对立思维模式所造成的文学作为整体的分裂。”[①]（高玉，2009：33）而更为新锐的是，在《“话语”视角的

① 高玉：《“话语”视角的文学问题研究》，中国社会科学出版社，第33页。

文学问题研究》中,我们看到整部著作从结构到思路,都显得很"散",仅从目录来看:一、语言与话语;二、"现代性"作为话语与中国现代文学研究;三、古代汉语的"诗性"与中国古代文学的"文学性";四、重审文学"翻译"作为话语及其对文学研究的意义;五、超越与比较——中西文论话语比较研究意识论;六、论"懂"作为文学欣赏理论话语;七、"个人"与"自由"话语的形成及其对文学研究的意义;八、中国现代文学的"民族"话语言说。全书共八个章节,各章之间的问题"跳跃性"很强,似乎缺乏关联,曹顺庆先生也在序中写道"有点儿'四不像',很难归属,既不属于纯粹的比较文学与世界文学,也不属于现当代文学或者文学理论"。可是细读之下,我们发现,就在这古今中西的"形散"之下,始终有一条"不散"的主线贯穿全书,看似"跳跃"的问题之间,实则有其内在的统一性,那就是"话语"的视角或"话语"范式。

不同的学科、研究者由于研究对象和研究兴趣的不同而对"话语"有不同的阐释。因此作者在第一章"语言与话语"中对"话语"的内涵进行历时的追溯后,认为:"'话语'是一种言说,它是通过一定的术语、概念、和范畴来言说,所以,术语、概念、和范畴是最重要的'话语成分'。思想、意义和价值与言说有关从而与话语有关,所以话语是文化和思想的具体方式和形态。"①(高玉,2009:56)在对"话语"进行了上述定义后,作者进一步指出,一般认为西方哲学发展经历了"本体论"、"认识论"和"语言论"三个阶段或者说三种学术范式,而"话语"研究是"语言论"最重要的内容,它与传统的学术范式最根本的区别在于:在"本体论"中我们追问的是对象是由什么构成的,在"认识论"中我们追问的是我们是如何认识对象的,而在"语言论"中,我们追问的是我们是如何表述对象的。"'话语研究'作为一种新的学术范式,关注的不再是对象的客观性,也不再是人对客观对象的认识,而是语言是如何呈现对象的、语言在人的建构和社会建构中的深层作用。"②(高玉,2009:58)也就是说"话语"研究关注言说是如何改变现实包括改变我们自身的。"话语"范式不再追求"正确"和"规律",建构性和实践性才是它的重要品性,因此"话语"研究范式比"本体论"和"认识论"具有更现实的意味,能更有效地解决实际性的问题。

正是基于上述认识,在选择进行文学研究时,作者剑走偏锋,从"话语"视角切近文学,但考虑到"选择研究文学严格意义上还不叫选择,因为这仍然太大"③(高玉,2009:488),所以选择了以问题为中心研究文学,探讨文学理论或文学中的具体"话语",做"关键词"式的研究,第二章谈"现代性"话语、第三、四章谈"翻译"话语、第七章谈"自由"话语等等,"既

① 高玉:《"话语"视角的文学问题研究》,中国社会科学出版社,第56页。
② 高玉:《"话语"视角的文学问题研究》,中国社会科学出版社,第58页。
③ 高玉:《"话语"视角的文学问题研究》,中国社会科学出版社,第488页。

探讨这些话语本身,也探讨这些话语对于文学发展的制约和影响”。[①](高玉,2009:2)比如在谈及“自由”话语时,作者认为,中国现代自由主义话语虽直接来源于西方,但在进入汉语语境后,中国传统的话语及思维模式“深刻地影响了西方自由主义思想在中国的表述,并且最终导致了它们的变异或中国化”。[②](高玉,2009:351)因此中国现代自由主义话语是既不同于西方自由主义话语,又不同于中国传统的有关人及国家民族话语和中国近代自由话语的独立话语体系,具有个人与群体的双重性特点,它是“个人”话语和“国家”话语的整合。中国现代自由话语的复杂性深刻地影响了中国现代文学的自由主题:五四新文学是“人的文学”,强调个人的独立与解放;“左翼”文学强调民族国家的独立与自由;革命文学重群体自由;自由主义派文学则重个体自由。中国现代文学的自由主题始终在这两个维度展开,只是在不同的时期有所侧重,使得“中国现代文学的自由主题具有鲜明的中国特色”。[③](高玉,2009:432)

不仅是文学中的“自由”问题,其他如“现代性”问题、“翻译”问题,作者也始终以“话语”视角进行观照,比之另一部由张桃洲所著的《现代汉语的诗性空间——新诗话语研究》,《“话语”视角的文学问题研究》的“话语”意识显然更为鲜明和坚决。

恰如作者所言:“在写作方式上,我试图走另外一种方式,不讲体系、不讲完整性,开放式的结构”[④](高玉,2009:489),而选择“关键词”式的研究这样一种话语策略,正暗合了这一另类的书写。

二、艰难的拓展:“跨文学研究”

作者把自己的研究称为“跨文学研究”,一改以往传统的古代文学、现代文学、世界文学、比较文学、文学理论这样的分类,“传统的分科有它的合理性,但它的问题和弊端也太多,比如同一个问题被瓜分到各学科从而被弄得支离破碎,人造隔膜。”[⑤](高玉,2009:490)所以作者主张打破文学各学科的界线,打破文史哲各学科的界线,以问题为中心进行“跨文学”的研究。试举第二章“现代性”话语问题为例。

各个学科领域都有关于“现代性”的言说,文学、历史、哲学、经济学、社会学等等,而各个学科对“现代性”内涵的诠释不是固定不变,而是流动游移的。因此,作者首先从历史、

---

① 高玉:《“话语”视角的文学问题研究》,中国社会科学出版社,第2页。
② 高玉:《“话语”视角的文学问题研究》,中国社会科学出版社,第351页。
③ 高玉:《“话语”视角的文学问题研究》,中国社会科学出版社,第432页。
④ 高玉:《“话语”视角的文学问题研究》,中国社会科学出版社,第489页。
⑤ 高玉:《“话语”视角的文学问题研究》,中国社会科学出版社,第490页。

哲学角度,用历时和共时的方法厘清了"现代性"内涵后,指出:不论是西方还是中国,对于"现代性"问题的研究总体上还停留在"本体论"和"认识论"阶段,即追问什么是"现代性"以及寻找正确的"现代性",其学术范式和思维方式依然是非常传统的。所以,在20世纪西方哲学进入到"语言论转向"后,可以充分利用"语言论转向"的成果,从话语的角度对"现代性"进行重新审视,开辟全新的研究思路,避免传统研究方式的单一性。从话语论的角度出发,作者把"现代性"定义为"是一种话语方式,是我们对现代社会现象和文化现象的一种言说"。①(高玉,2009:83)在给出了清晰的定义后,作者接着把笔触转向中国现代文学,探讨"现代性"作为话语方式对中国现代文学研究的意义及其限度。把"现代性"作为话语引入中国现代文学研究中,其根本的意义在于它反映了一种新的问题意识,改变了我们的观念,开拓了新的学术范式;而它的局限性在于,中国现代文学是多元和复杂的,用"现代性"来统括中国现代文学是否合适?中国的传统文化、言说方式迥异于西方,而"现代性"作为一个西方概念,把西方的"现代性"理论运用于中国"现代性"问题的研究,中国现代文学的"现代性"研究是否合适?

作者打通文史哲的学科界线,对比中西差异,把"现代性"作为一种话语方式对其进行通观审视,这种新的研究方法的尝试,在第五章和第六章有关文论话语的探讨中依旧清晰可见。

有关文论话语,较早对中西文论话语进行比较的是曹顺庆先生的《中西比较诗学》,他提出的文论"失语症"及重建文论话语在学界引起了激烈讨论,对作者不无影响。所以作者花了大量笔墨,在第五、六章专门探讨文论话语问题。

中国古代文论和西方文论是两种不同的话语体系,其概念、范畴及言说方式存在巨大的差异,它是不同文化背景和不同现实语境的产物,我们无法套用一种话语模式来衡量诠释另一种文化;而现实是,离开了西方文论话语的术语、概念和范畴,我们竟不知如何言说。"用西方文论和现代文论理解和想象中国古代文论,这是目前国内外研究中国古代文论最大的语言困境。"②(高玉,2009:234)为此,作者举在海外影响极大的刘若愚《中国文学理论》为例,指出:刘书"不过是以一种西方文论的视角对中国古代文论进行了重新梳理,……中国文论实际上被作为材料纳入了西方文论的框架,表面上是言说中国古代文论,实质上是在言说西方文论,……所持的理论价值观仍然是'西方中心主义'"(高玉,2009:234),而"文论上的'西方中心主义'本质上是一种'话语霸权主义'和'文论殖民主

---

① 高玉:《"话语"视角的文学问题研究》,中国社会科学出版社,第83页。

② 高玉:《"话语"视角的文学问题研究》,中国社会科学出版社,第234页。

义'"[①](高玉,2009:236)。基于这种深刻的认识,作者认为,中西文论比较不是"俗常的比较",而是"跨文化"、"跨文明"的"超越性"的比较,要从话语体系从根本上对中西文论的比较意识进行反思,对中西文论中一些关键词进行"话语清理和语义分析,从而揭示出中西两种文学理论体系差异的实质"。[②](高玉,2009:225)

在对中西文论话语体系差异进行理论上的分析之后,作者提出了"反懂"的概念,并把它上升为一种文学理论话语运用于中国现当代文学欣赏。作者从中国古代文学欣赏出发,认为中国古代文学欣赏强调感悟,讲求言外之旨、弦外之音,是非"懂"性的,而"懂"是现代文学批评的概念。但是,虽然现代文学欣赏方式的理论基础是"懂",难道在现代文学中就不存在"反懂"性吗?对此,作者从历史的角度对现代文学史上关于"懂"与"反懂"的讨论进行梳理,在此基础上对现代文学欣赏方式进行了反思,指出,"懂"作为文学欣赏的话语方式,并不具有普适性,在现代主义文学出现后,"反懂"的文学欣赏方式比"懂"更具合理性,比如有些文学作品特别是现代主义文学作品比如荒诞派戏剧,本来就没有明确的意义,"反懂"的欣赏方式显然比"懂"更为合适;即使有些作品是"懂"的,也未尝不可用"反懂"的方式进行欣赏,其理论基础来源于解释学和接受美学;而对于那些原本就是"反懂"的作品比如后现代主义的文学作品,"反懂"的欣赏方式更具有天然的优势。

从中国古代文学欣赏的非"懂"性中得到启示,比较现代文学与古代文学欣赏方式上的差异,并对"懂"的现代文学基本欣赏理论进行反思和总结,进而提出"反懂"的文学欣赏理论,作者的整个言说过程打破了文学内部各学科的界线,把它们作为一个整体进行通观审视。诚如作者所言:"从话语视角出发,把文学研究分为文学理论、中国现当代文学、古代文学、比较文学等是没有实质性意义的。"[③](高玉,2009:490)

"跨文学研究"的方式让我们看到了文学研究中新的学术生长点;而正因为新,所以也格外艰难。

三、不悔的追求:高蹈与沉潜

在后记中,作者说花了八年的时间写成这本书,其间花费的精力不言而喻,可谓是心力之作。

有别于某些著述一味理论高蹈,《"话语"视角的文学问题研究》既有坚实的理论,又沉

---

① 高玉:《"话语"视角的文学问题研究》,中国社会科学出版社,第236页。

② 高玉:《"话语"视角的文学问题研究》,中国社会科学出版社,第225页。

③ 高玉:《"话语"视角的文学问题研究》,中国社会科学出版社,第490页。

潜于研究对象。如论述"个人"话语与"自由"话语是作者使用笔墨最多的一章，这源于对史料典籍的详细论证。中国的近现代有关"个人"与"自由"话语与西方"个人"、"自由"话语是不同的，为此，作者从概念入手，扎根于儒道经典，取证于近代译著，梳理中西话语体系的差异。

作者认为，在传统儒学中，只有"民"的概念而没有"人"的概念，而"民"的概念与西方"人"的概念在内涵上是有实质性差别的。与西方的"人"的概念与"个性"、"平等"、"自由"、"权力"等概念密切相联不同，中国古代"民"的概念始终是与"君"、"社稷"等概念联系在一起的，"民"在中国古代实质上是群体概念，是"百姓"，它与"君"构成了二元对立，儒学虽说"君轻民贵"，但其背后的深义是为江山社稷，"爱民"只是手段而不是目的。儒家虽注重个人的修身养性，但与西方的个人主义追求自由、平等、发展等相去甚远，"修身"、"齐家"、"治国"、"平天下"，中国古代的"个人"话语始终是以天下社稷为旨归的。而道家虽然遁世，但"人法地，地法天，天法道，道法自然"，自然始终是第一位的。在对中国古代话语体系中的核心概念进行上述辩证后，作者指出："中国古代由'君'、'臣'、'民'、'社稷'等构成的话语体系不可能衍生出现代个人主义思想。"[①]（高玉，2009：349－350）

中国现代"个人"及相关的"自由"话语既然不是源出中国古代话语体系，那么，翻译对于西方个人主义话语的引入及中国近代"个人"话语的建构必定起了至关重要的作用。对此，作者仔细对比了穆勒原著《On Liberty》和严复译著《群己权界论》。仅从标题上看，两者就相差甚远，甚至是曲解，但从中却可以看出严复"始终从个人与群体的关系来解释和定义自由主义"[②]（高玉，2009：354），因而与原著强调个人的权利和自由是第一位的有根本上的不同。正是通过上述悉心比较，使我们看到了中国近代以来的自由主义话语是如何在翻译中被建构起来的。

又如在论述"反懂"作为文学欣赏理论话语中，作者既从解释学、接受美学、解构主义寻得理论支撑，又悉心梳理了中国现代文学历史上关于"懂"与"不懂"的讨论，进而提出"反懂"的概念，并运用于具体作品进行实践，我们看到了一个研究者追求学术稳健审慎的态度。

从上一部《现代汉语与中国现代文学》从语言的角度研究中国现代文学，到《"话语"视角的文学问题研究》依然从语言的角度主要是话语的角度研究中国现代文学，"我觉得我这辈子如果把这一问题研究得比较满意，……就心满意足了"。[③]（高玉，2009：488）

十年沉潜，磨得一剑。

---

① 高玉：《"话语"视角的文学问题研究》，中国社会科学出版社，第349－350页。

② 高玉：《"话语"视角的文学问题研究》，中国社会科学出版社，第354页。

③ 高玉：《"话语"视角的文学问题研究》，中国社会科学出版社，第488页。

四、余　论

当然,由于内容"庞杂",作者也偶有力不从心处,某些章节似流于平面介绍,有失专深,如中国现代自由话语对中国现代文学的自由主题的影响;关于如何重建中国现代诗学话语的问题,也没有得到深入开掘;而以"话语"的视角研究文学问题,与传统的研究方法相比,优势在哪里?对此作者始终语焉不详。

但通观全书,我们看到作者勉力拓展学科边界,运用"话语"视角,重新审视文学研究中的诸多问题,为我们展现了一种新的学术范式的可能性;虽然学界目前对此范式的前景多有龃龉,但是追求学术理想的道路从来都是艰难的。

行文至此,脑海里忽然闪现"姿态"二字。是的,如果硬要为此书加一个注,那就是,从《"话语"视角的文学问题研究》中,我们看到了作者的一种"姿态":纵横驰骋融贯古今中西的姿态,锐意创新打破学科壁垒的姿态,高蹈沉潜坚守学者品格的姿态,孜孜不倦追求学术理想的姿态。

我们的"话语研究"又何尝不是一种姿态:一种立足当下问题意识的姿态,一种对弱势群体深切关怀的姿态,一种多元对话平等包容的姿态。以此共勉。

参考文献

[1] 高玉(2009).《"话语"视角的文学问题研究》.北京:中国社会科学出版社.
[2] 施旭(2010).《文化话语研究》.北京:北京大学出版社.
[3] 曹顺庆(2001).《中国古代文论话语》.成都:巴蜀书社.
[4] 张桃洲(2005).《现代汉语的诗性空间——新诗话语研究》.北京:北京大学出版社.

Book Review of "A Discursive Approach to Literature Studies": a novel perspective in cross－literature research

CHEN Jue
Zhejiang university

作者简介

陈珏，女，毕业于杭州师范大学课程与教学论（语文）专业，现为浙江大学人文学院博士生。研究兴趣为中国现当代文学、话语学，目前的研究重点为中国当代少数民族作家文学话语研究，曾在国内刊物上发表论文数篇，参与编、撰著作多部。

通讯地址：浙江大学紫金港校区东 6－401

邮　　编：310058

邮　　箱：chj_1122@hotmail.com

图书在版编目(CIP)数据

当代中国话语研究．第4辑/施旭主编．—杭州：浙江大学出版社，2012.3

ISBN 978-7-308-09657-7

Ⅰ．①当…　Ⅱ．①施…　Ⅲ．①汉语－话语语言学－研究　Ⅳ．①H1

中国版本图书馆CIP数据核字(2012)第026214号

当代中国话语研究·第4辑

施　旭　主编

责任编辑　宋旭华

装帧设计　项梦怡

出版发行　浙江大学出版社

（杭州市天目山路148号　邮政编码310007）

（网址：http://www.zjupress.com）

排　　版　杭州大漠照排印刷有限公司

印　　刷　杭州杭新印务有限公司

开　　本　787mm×1092mm　1/16

印　　张　7.5

字　　数　146千

版 印 次　2012年3月第1版　2012年3月第1次印刷

书　　号　ISBN 978-7-308-09657-7

定　　价　20.00元

浙江大学出版社发行部邮购电话(0571)88925591